Early Childhood Music Education

유아교사의 현장 수업능력을 위한

유아음악교육

남궁선혜

양성원

머리말

교육현장에서 가장 중요한 역할을 하는 요소는 교사이다. 학교에서 이루어지는 모든 교육은 교사의 교육철학과 교육내용 그리고 수많은 교수방법에 의해서 학습자들에게 펼쳐진다. 유아교육기관도 이러한 교육현장의 한 형태로서 존재하고 있으며 각급 교육기관과 마찬가지로 교사의 질 확보가 교육의 질로 연결되어진다.

유아교육기관에서 이루어지는 교육활동은 각 급 학교에서 이루어지는 교육활동과는 다소 다른 형태를 띠고 있는데 그것은 바로 통합교육과정 운영인 것이다. 이러한 이유로 유아예비교사를 양성하는 대학에서는 유아교육기관에서 통합교육과정을 계획하고 운영할 수 있는 교사를 양성하기 위한 국가적 기준의 교육과정을 운영하고 있다. 이와 같은 기준은 유아교사의 최소한의 질을 확보하겠다는 국가의 의지를 담고 있으며 또한 유아교사의 전문성을 논할 수 있는 근거이기도 하다.

이러한 논리로 보았을 때 예비유아교사 양성교육기관에서 이루어지는 수많은 수업들은 과연 얼마나 국가의 의지를 담고 있으며 예비유아교사에 대한 전문성을 얼마나 확보시키는가?라는 의문점이 남는다. 유아음악도 예외는 아니어서 과연 유아교사 양성대학에서 이루어지는 유아음악교육을 통해 예비유아교사들이 유아음악에 대한 국가적 수준을 얼마나 잘 이해하고 있는지 그리고 유아음악교육에 대한 유아교사의 전문성이 확보되고 있는지가 고민되어야 할 것이다.

유아음악교육은 앞서 언급하였던바와 같이 통합교육과정 안에서 이루어져야 하는데 우리나라는 '누리과정'이라는 국가적 수준의 교육과정 안에서 유아음악교육이 통합교육으로 운영되어야 한다고 언급되어 있다. 결론적으로 누리과정 안에서 유아음악교육이 어떻게 운영되어야 하는지를 아는 것이 곧 유아음악교육을 할 수 있는 전문성도 확보되는 것이라고 볼 수 있다.

이에 본서에서는 유아교사의 현장 수업능력을 기르기 위해 누리과정에서 유아음악교육을 어떻게 이해해야 하는지와 함께 실제 교실 현장에서 수업이 어떻게 이루어져야 하는지에 대한 고민을 해결하고자 Part 1과 Part 2로 나누어 구성하였다.

Part 1에서는 유아교사의 현장 수업능력을 위한 유아음악교육 이론을 다루었고, Part 2에서는 유아교사의 현장 수업능력을 위한 유아음악교육 수업계획안 작성법을 다루었다.

Part 1은 유아음악의 이론적 기초, 누리과정과 유아음악교육, 유아음악교육을 위한 음악요소, 유아음악교육을 위한 교수·학습 방법으로 구성되었고, Part 2는 새노래 지도 수업을 위한 수업계획안 작성의 실제, 악기 연주 지도 수업을 위한 수업계획안 작성의 실제, 음악 감상 지도 수업을 위한 수업계획안 작성의 실제로 구성되었다. 특히 Part 2는 수업계획안에서 Part 1에 제시된 이론적 원리들이 어떻게 적용될 수 있는지 구체적으로 제시하고자 교사의 발문 및 예상되는 유아의 반응을 자세하게 담아내었으며 수업계획안의 구성 요소들의 특성들을 설명하였다.

이러한 구성은 예비유아교사의 입장에서는 유아교육 현장에서 실제 유아음악교육 수업을 실행할 수 있는 현장실무능력을 기르고 위함이고 가르치는 교수 입장에서는 예비유아교사의 현장실무 능력을 수행 평가 형식으로 하기 위함이다.

실제 예비유아교사양성대학의 1학기 동안 이루어지는 유아음아교육의 수업진행은 일반적으로 학기 전반부에는 유아음아교육에 대한 이론을 수업하고 학기 후반부에는 유아음악교육에 대한 실제가 팀별 모의수업과 같은 수업형태를 통해 이루어진다. 이러한 수업진행에서 다소 아쉬운 점은 예비유아교사들이 실제 수업계획안을 작성하는데서 오는 문제점이나 어려운 점 그리고 이론과 실제를 접목하는 상황에서의 모호함에 대한 피드백을 받지 못한다는 것이다.

이에 본서는 이러한 점을 보완하고자 Part 2에서 제시되는 수업계획안의 예시를 참고하여 학습자 즉, 예비유아교사가 유아음악교육에 대한 수업계획안을 개별적으로 직접 작성할 수 있는 워크샵 형태의 수업이 이루어지도록 하여 기존의 수업진행의 부족한 점을 해소하고자 하였다.

아울러 본서의 미흡한 부분은 지속적으로 검토, 수정 보완할 것을 약속드리며 본서가 출판되기까지 정성과 수고를 아끼지 않으신 양성원 출판사에 깊은 감사를 드린다.

2017. 12

저자 씀

차 례

PART 1

유아교사의 현장 수업능력을 위한 유아음악교육 이론

PART 2

유아교사의 현장 수업능력을 위한 유아음악교육 수업계획안 작성법

PART 1

유아교사의 현장 수업능력을 위한

유아음악교육 이론

Chapter 1

유아음악교육의 이론적 기초

1. 유아음악교육의 성격

음악은 유아의 생활 속에서나 의식 속에서 유아들의 삶 자체로서 존재한다. 유아는 음악을 탐색하고 모방하며 실험해 봄으로써 점차 음악을 식별하고 조직화하고 창조할 수 있게 된다(정윤선, 1996). 인격적인 기초가 형성되는 유아기에 인간성 발전을 위한 기초 기능 배양에 작용을 하는 것이 음악교육이다. 또한 유아에게 발달적으로 적합하며 효과적으로 지도하는 음악교육을 함으로써 유아의 사회성 및 정서발달을 돕고 나아가 창조적 능력을 계발시켜 전인적 인간으로 발달할 수 있도록 돕는다. 음악교육은 유아가 심미적 체험을 할 수 있도록 하는 것으로서 계획적이고 체계적인 교육활동이다(고현전, 1996; 안재신, 2008; 임혜정, 2006).

유아음악교육은 음의 미적 특질에 보다 깊이 접근하게 함으로써 예술에 대한 통찰력을 공유하도록 이끄는 학문 영역이다. 예술 경험이 유아들의 삶을 위하여 의미 있는 것이 되려면 미적 경험이 되어야 한다(김영연, 1996).

음악은 유아에게 있어서 생활이며 다른 학문 영역과는 달리 유아의 생활 속에 존재하며 자연스럽게 학습될 수 있는 영역이다. 유아기는 다른 감각보다 청감각이 가장 민감하며 음고의 판별력이나 리듬 감수 능력이 가장 급속히 발달하는 시기이다. 이러한 발달과정을 거쳐 점차 성인 수준에 이르게 된다. 또한 유아기를 어떤 교육적 환경에서 어떠한 경험을 하면서 보냈는가에 따라 성인이 되어서의 능력과 인성이 결정되므로 이 시기에 적절하고 다양한 음악교육을 실시함으로써 음악적 능력을 크게 향상시키고 유아의 인성발달의 기초를 마련하는 것이 유아음악교육이다(황문숙, 2009).

이를 위한 유아음악교육의 구체적인 목표는 다음과 같다(구회영 외 2000; 송연아 2001에서 재인용).

- 유아가 놀이나 생활 속에서 노래나 리듬을 많이 사용할 수 있도록 도와준다.
- 언제 어디서나 부르고 싶은 노래를 혼자서 부르고 즐길 수 있도록 많은 노래를 가르친다.
- 유아들의 생활을 이끌고 풍부하게 하며 감정을 순화시킬 수 있는 노래를 많이 지도하여 노래를 생활화하도록 한다.
- 리듬악기나 그 밖의 악기를 자유롭게 사용할 수 있도록 한다.
- 좋은 음악을 감상할 수 있는 능력을 기르며 음악이나 리듬을 통해서 창조적인 자기표현을 할 수 있도록 한다. 유아의 음악학습은 새로운 상상력을 자극할 수 있도록 자발적인 활동을 장려해야 한다. 감각이나 지각 또는 촉각 등의 재생기억이나 심정적 경향은 개인에 따라 특색이 있으며 음악을 수용하는 데에도 각기 특징이 있으므로 유아들에게 획일적인 반응을 기대해서는 안 된다.

유아교육기관에서의 음악활동은 막연하게 음악을 듣거나 연주하거나 노래 부르거나 훈련하는 것이 아니다. 유아는 유아 자신이 음악활동을 할 때 다양한 음악적 문제에 접하게 되고 유아가 그 문제를 해결하기 위해 유아-유아 간, 혹은 유아-교사 간에 상호작용을 하게 된다. 유아는 이러한 음악적 문제해결 과정 속에서 음악의 요소들을 자연스럽게 경험하며 이해하게 되고 능동적으로 자신의 음악적 능력을 내면화하는 활동을 하게 된다(이태분 · 신인숙, 2007).

음악은 함께 듣고 즐기며 자신의 정서를 타인에게 표현하는 한 수단이 될 수 있다. 인간은 본능적으로 자신의 잠재된 능력과 감정을 표현하고자 하는 의지를 갖고 있는데, 여기에 음악은 사람에게 정서적 안정감과 풍요로움을 준다. 즉, 자신의 감정을 자유롭게 표현할 수 있도록 하는 도구의 역할을 한다. 음악교육은 음악을 통해 아름다움과 즐거움을 전해주는 동시에 마음을 정화시키고 올바른 정서를 지니게 하는데 목적이 있다. 음악활동은 다른 어떤 활동보다 유아를 즐겁게 할 수 있기 때문에 놀이나 리듬을 통하여 유아들은 마음속에 있는 긴장과 갈등을 해소시키고 정신건강을 발달시키는 중요한 매개체의 역할을 할 수 있다. 유아들은 음악을 통해 자신을 자유롭게 표현하고 감정을 순화시키며 음악성, 사고의 체계성, 지적능력을 촉진시킬 수 있다(송수현, 2004).

음악적 경험과 활동은 신체, 운동, 언어, 사회, 정서, 인지 그리고 두뇌 발달 등 유아의 다양한 발달을 촉진한다. 그러므로 음악을 통한 교육은 유아의 다양한 능력에 유기적으로 영향을 줄 수 있는 적합한 교수방법이다(박은영, 2007). 이러한 다양한 능력을 증진시키는 유아음악교육은 듣기와 음악 감상하기, 노래 부르기, 악기 연주하기, 창작하기, 신체표현하기 등의 활동이 통합적이며 균형 있게 배치되어야 한다(Bayless & Ramsey, 1991; Haines & Garber, 1999).

이와 같이 많은 학자들이 유아음악교육의 성격을 논할 때 가장 중요하게 생각하는 것은 유아가 음악교육을 통해 자연스러운 음악적 경험을 즐겁게 할 수 있어야 한다는 것이다. 유아들은 자연스러운 음악적 경험 안에서 음악의 아름다움을 느낄 수 있으며 음악을 통해 다양한 발달과의 연계를 경험할 수 있기 때문이다. 그러므로 유아교사는 유아에게 음악교육을 통해서 유아의 음악적 감각을 길러 줄 수 있는 방안을 모색해야 한다. 즉, 유아교사는 유아에게 악보나 기호를 통해서 음악적 개념을 외우게 한다거나 또는 정확한 음정으로 노래를 부르고 악기를 능숙하게 다룰 수 있는 기술을 익히게 하는 방향의 음악교육으로 접근해서는 안 된다는 것이다. 이러한 접근은 유아음악교육 성격에 적합하지 않는 것으로서 유아교사는 유아를 대상으로 음악교육을 계획하고 실행할 때 이러한 부분을 고려하여 유아음악교육의 성격을 정확하게 이해하여 유아음악교육에 접근하여야 한다.

2. 유아음악교육의 필요성

유아는 음악교육을 통해 미적 감수성을 기르고 음악적 사고를 바탕으로 자기를 표현하는 음악적 능력을 기르는 동시에 타인의 인간적 욕구를 이해할 수 있는 기회를 제공받게 된다. 음악은 인간의 자기표현 욕구에서 시작된 것이므로 음악교육은 모든 시대와 지역과 인종을 초월하는 다양한 음악을 사용함으로써 인간의 음악에 대한 태도와 가치와 행동의 변화를 도모할 수 있다. 음악교육은 청취, 감지, 발견, 구별, 판단, 선택, 배합, 작곡, 연구, 감상, 지식 획득, 기술 연마, 태도 형성, 심미안 형성 등을 도울 수 있는 행위와 경험을 쌓도록 기회를 제공한다. 음악교육은 각 분야와 기본적 개념들이 그 구조상 서로 깊이 연관되어 있으므로 음악적 기능을 기르고 삶의 태도와 가치 및 행동의 변화를 꾀하는데 있어서 음악의 제 요소가 각기 유기적인 관련을 가지고 운영되어진다. 유아기는 청감각이 가장 민감하여 이 시기를 놓치면 훌륭한 음악적 능력의 성장을 기대하기 어렵다. 또한 운동기능과 밀접한 관련성이 있는 리듬교육은 지적 발달의 정도에서 보더라도 유아 시기가 가장 적합하다(송연아, 2001).

유아에게 있어서 음악교육은 생활에서 아주 필요한 요소이다. 음악교육을 통해서 음악에 재능이 있는 소수의 유아를 골라내기 위한 것이 아니라 모든 유아의 음악적 능력을 극대화시키기 위한 것이다. 유아는 유아음악교육을 통해서 음악을 자연스럽게 접할 수 있고 음악을 통해서 유아의 잠재능력을 극대화시킬 수 있다. 유아는 유아음악교육을 통해 음악을 자연스럽게 그리고 음악에 대해 잠재능력을 더욱 촉진시킴과 동시에 흥미롭게 학습에 임함으로써 유아의 상상력, 자기존중감 및 자기표현력은 물론 다른 학습이나 발달을 도모하게 된다(황문숙, 2009).

음악은 유아생활과 불가분의 관계를 맺고 있으며 유아기는 정의적 특성과 신체적 발달과 관련지어 볼 때 효과적인 음악학습과 발달이 이루어지는 시기이다. 유아기는 전인발달의 결정적 시기이다. 유아기의 교육적 환경은 매우 중요하며 음악은 모든 교육의 원천이 되는 기본토양이기 때문에 유아는 음악을 그 자체로 즐겨야 하며 이를 통하여 신체적, 인지적, 언어적, 사회·정서적 영역의 성장을 이루어야 한다(Perry, 2008). 유아의 발달적인 측면에서 본 음악교육의 중요성은 노래하고자 하는 인간으로서 본능에 대한 욕구를 나타낸다. 또한 유아가 흥미를 가지고 자발적으로 음악활동에 참여함으로써 창의성, 자기존중, 수용성을 기르게 되므로 창조성 개발에 도움을 준다. 특히 음악과 율동을 통한 리듬, 박자 등은 속도 감각을 발달하게 하며, 소리의 강도, 크기를 통해서는 위치와 거리에 대한 감각이 촉진되어 모든 발달 영역의 기초가 된다는 사실을 보더라도 음악교육은 유아교육에 중대하게 공헌하고 있음을 알 수 있다(모현주, 2004).

음악교육이 유아의 전인발달에 어떠한 영향을 미치는지 살펴보면 다음과 같다(안재신 외, 2002).

- 유아의 지각발달을 돕는다.

  리듬감을 갖고 음을 흡수하는 음악적 활동은 활발한 감각적 경험과 활동을 요하는 예술학습으로 높은 수준의 지각 발달을 가져온다. 음악적인 측면에서의 지각은 감각의 자극 없이는 그 기능이 작용하지 않는다. 그러므로 음악의 기초 감각능력이 급속한 진전을 보이는 유아를 위한 음악적인 성장을 돕기 위한 음악교육에서는 음악적인 성장을 위한 기초 단계로 감각의 발달을 중시하여야 한다.

- 신체발달을 돕는다.

  음악은 주로 춤을 추거나 다른 신체적 활동을 할 때 사용되는데, 신체적 활동성은 자신이 좋아하는 음악이나 자주 들었던 음악을 들을 때 더 많은 영향을 받는다. 유아들은 소리에 따라 몸을 적극적으로 움직이며, 자신이 감정을 신체로 표현하게 된다.

- 인지발달을 돕는다.
  다양한 음악적 경험을 통해 유아는 스스로 음악적 개념이나 구조를 발견하거나 이해할 수 있으며, 이와 같은 경험은 자연스럽게 유아의 인지발달을 돕는다.

- 언어발달을 돕는다.
  소리 탐색 및 다양한 음악을 감상하는 경험을 통해 유아는 소리에 대한 이해 및 듣기 기술을 증진시키고 노래 배우기를 통해 다양한 어휘를 학습함으로써 언어발달을 이룰 수 있다.

- 사회성 및 정서발달을 돕는다.
  유아는 음악적 경험을 통해 사회적 기술을 배운다. 또한 음악적 경험은 유아 자신의 정서를 자연스럽게 표출하도록 함으로써 성숙한 감정표현 및 정서발달을 돕는다.

유아음악교육은 유아의 성장 후 생활 전반에 미치는 영향이 지대하다. 사회를 살아가는 모든 중요한 질서와 예의, 기본적인 도리를 유아기부터 제대로 배우고 익혀야 한다. 사회가 복잡해지고 첨단화될수록 올바른 인격과 건강한 정서의 함양이 더욱 강조되고 있다. 건강한 사회생활을 위한 정서가 메말라 갈수록 감각이나 느낌, 상상력 등이 절실히 요구된다. 이러한 감성의 기초는 음악교육을 통해서 길러질 수 있기 때문에 올바른 인성을 갖춘 전인적인 인간교육을 위해서 유아기부터 음악을 체계적으로 지도하는 것은 너무도 중요한 일이다(이현숙, 2003). 유아기의 음악교육은 단순하게 음악이라는 하나의 과정을 통하여 설명하기보다는 유아의 지적, 정의적, 사회적, 언어적으로 모든 면을 포함하는 하나의 전인적 성장발달과 연관지어 설명되어야 한다. 음악은 유아의 정서를 표현하고 완화하는 기능을 하며 심미감을 느끼게 한다. 유아는 어려운 단어로 표현된 문장보다는 비언어적 표현인 음악을 통해 생의 아름다움을 좀 더 예술적으로 경험할 수 있으며 심오한 정서적, 지적 즐거움을 느낄 수 있다. 유아는 다양한 매체를 통해 손쉽게 음악을 접할 수 있는데 이러한 음악들을 통해 즐거움을 느끼며 여가를 즐길 수 있다. 음악은 춤이나 다른 신체적 활동을 할 때 사용된다. 유아들은 소리에 따라 몸을 움직이거나 춤을 추기도 하며 자장가와 같은 음악을 들으면 이완되어 잠을 자기도 한다. 음악만큼 유아기에 구조적으로 호기심을 자극하는 소재는 없으며 한 개의 리듬과 멜로디를 이해하면 다시 그 다음 단계가 흥미롭게 다가오게 되는 것이며, 유아기에는 음악 자체가 즐거움이 되는 것이다. 음악은 유아의 생활에 있어 반드시 필요한 것이다. 또한 음악활동은 다른 어떤 활동보다 유아를 즐겁게 해주기 때문에 노래나 리듬을 통하여 유아의 마음속에 있는 긴장과 갈등을 해소시키고 정신건강을 발달시키는 가장 중요한 매개체라고 할 수 있다. 즉, 음악활동을 통해 유아들은 자신을 자유롭게 표현하고 감정을 순화시킨다. 또한 사고의 체계성과 창의성을 발달시키며 지적학습능력을 촉진시키는 중요한 요소의 하나이다(유덕희, 1983).

이와 같이 음악은 유아의 긴장과 갈등을 해소시켜 주고 함께 듣고 즐기며 유아 자신의 정서를 타인에게 표현하는 한 수단이 된다. 유아는 음악을 통해서 다양한 발달을 연계하여 서로 다른 발달을 촉진시킬 수 있으며 음악활동을 통해 유아는 다른 어떤 활동보다 즐거운 경험을 하게 되므로 유아 마음속에 있는 감정이 자유롭게 표출된다. 유아음악교육은 음악을 통해 유아에게 아름다움과 즐거움을 전해주는 동시에 마음을 정화시키고 올바른 정서를 지니게 하는데 목적이 있다. 이러한 의미에서 유아음악교육은 유아의 삶에 매우 중요하며 교육적 가치와 필요성을 갖게 되는 것이다.

3. 유아음악교육의 평가

유아를 대상으로 하는 음악교육은 교사가 수업을 계획하고 실천하고 평가하는 순환적 과정을 거치게 된다. 유아음악교육에서 평가는 판단의 대상이 유아의 음악적 행동이고 이러한 음악적 행동에 대한 객관적, 주관적 성격의 자료를 수집하고 이를 근거로 이루어지는 판단행위라고 볼 수 있다. 뿐만 아니라 교사가 음악수업을 어떻게 계획하고 실천하였는가에 대한 평가도 포함된다.

먼저 유아음악교육에서 이루어지는 유아에 대한 평가에서 학자들의 의견 중 가장 크게 대두되는 평가의 유형이 대안평가이다. 대안평가의 특징은 표준화 검사에 비해 훨씬 광범위하고 종합적이며 평가과정이 일회적인 것이 아니라 지속적으로 진행되고 일상적인 교실 생활 혹은 교수-학습 과정에 통합된다는 점이다(황해익 외, 2001). 이러한 대안평가는 1990년대에 들어와 많은 교육학자들이 수행평가의 활용을 강조하게 되었는데, 그 이유는 학생들의 수행을 평가하는 가장 좋은 방법이 표준화된 검사가 아니라는 것을 알고 기존의 평가방식에 대해 비판을 하게 되었기 때문이다. 현재 우리나라에서 사용되고 있는 대안평가는 수행평가, 참평가, 직접평가, 역동적 평가, 포트폴리오 평가 등의 용어로 제시되고 있고 이러한 각 용어의 특성의 차이를 거의 구별하지 않고 있다(김대현 외, 1999; 석문주 외, 2001; 백순근, 2000; 황해익, 2000). 대안평가(수행평가)는 전통적인 표준화 검사를 중심으로 이루어지던 평가의 관점을 탈피하여 학생이 지니고 있는 능력의 총체적 이해라고 하는 평가의 본연적 의미를 추구하려고 한다는 점에서 공통점을 가지고 있다. 예컨대, 종래의 지필검사와 표준화 검사를 통한 학생의 학습결과뿐만 아니라 과업 수행의 과정과 그 사고과정까지도 포괄하는 평가이다. 이 새로운 평가방법은 음악교육에도 적용되었는데, 그 이유는 음악교육에서의 평가는 단지 수업의 전 과정 중 마지막에 행해지는 것이 아니라 수업과정 전체를 통하여 처음부터 끝까지 이루어지는 과정중심의 형태가 요구되기 때문이다. 음악교육에서의 수행평가는 실제 수업에서 음악적 생산품과 음악적 행위를 보여줄 수 있어야 하고 학생 스스로 음악을 구성하고 음악적 행동으로 나타내는 것을 통하여 학생의 지식이나 기술을 직접 측정·평가하고자 하는 것이다(석문주 외, 2001).

유아음악교육 평가에서도 대안적 평가와 같은 총체적·심층적·역동적 평가가 이루어져서 유아의 음악적 능력과 음악적 태도, 음악적 지능을 평가할 수 있어야 한다. 또한 유아음악교육에 대한 평가는 매일 이루어져야 하며 음률 영역에서 나타나는 유아들의 음악적 행동과 교사의 계획 하에 이루어지는 대집단 형태의 음악활동 과정에서 나타나는 유아들의 음악적 반응들에 대한 평가는 다음의 음악 학습계획에 기초자료로 사용되어야 한다(안재신, 1996). 음악활동에서의 평가는 유아의 감정이나 개성, 창의성 등 유아의 내재적 상황을 나타내는 하나의 방법이며, 예술적 요소를 인식하고 흥미와 관심에 대한 평가이며, 유아의 풍부한 감성을 통해 심미감을 키우는데 목적을 두고 있다(권미희, 2006).

이러한 대안평가 중에서 포트폴리오 평가는 효과적인 방법으로 제시되고 있다(황해익, 2001). 특히 유아음악교육에서의 포트폴리오 평가는 유아의 음악적 진보 상황 뿐 아니라 유아가 음악적 표현을 통해 어떻게 음악적 표현력을 증대시키는지, 신체적 협응력, 소리에 대한 탐색 등이 유아의 음악적 발전에 어떠한 영향을 미치는지에 대한 다큐멘터리를 제공해 준다. 또한 악기에 대해 인지하고 소리를 탐색하여 악기를 다루는 실질적 활동을 통한 포트폴리오를 만들 수 있다. 다양한 포트폴리오 수집방법을 통해 유아의 음악활동에 대한 풍요로움을 느낄 수 있게 하고, 포트폴리오 평가를 통해 유아와 교사가 모두 느낄 수 있는 평가가 된다(권미혜, 2006).

음악교육에서 포트폴리오 평가에 대한 대표적인 도입은 가드너의 다중지능이론을 바탕으로 Arts Propel 연구의 피츠버그 공립학교가 음악수업에서 수행평가의 한 방법인 포트폴리오 평가를 처음 활용하면서부터이다. Arts Propel의 PROPEL은 Production(작품), Perception(인지), Reflection(반성)의 약어로 예술학습에서 3가지 요소를 포함하는 것을 의미한다. 작품은 예술 작품을 실제로 행하는 것을 의미하는데 음악수업에서 노래를 부르고, 악기를 연주하고, 음악을 창작하고, 음악을 듣고 구별하는 것 등이 포함된다. 인지는 작품을 위하여 필요한 음악적 지식과 기술을 습득하는 것으로 음악을 보고, 듣고, 구별하는 능력을 말한다. 반성에는 개인의 경험과 지식을 바탕으로 작품을 평가하고 반성하는 것과 함께 앞으로의 학습전략 등이 포함된다. 이러한 요소는 서로 분리되는 것이 아니고 통합된 것으로 수행과제, 포트폴리오, 반성적 면접에 의한 평가가 이루어지는 것이다. 학생들의 음악활동, 학생의 작품에 대한 과정의 발전, 다양한 작품 모음, 음악적 성취를 위한 다양한 학습자료를 선정하여 포트폴리오에 포함시켰다. 이러한 자료는 학생과 교사의 상담, 학생 자아 평가, 동료평가, 수업평가, 부모 면담, 행정, 분반 등에 활용되었다(석문주 외, 2001).

PRPEL을 유아음악교육 평가에 연계지어 볼 때 유아가 유아교육기관에서 행하는 모든 음악활동은 작품에 해당되며, 유아의 음악활동 안에서 유아가 경험하게 되는 음악적 지식과 기술은 인지에 해당되며 이러한 음악적 경험 안에서 유아 자신이 음악을 평가하고 비교하는 것이 반성에 해당된다고 할 수 있다. 이러한 요소들이 통합되어 평가가 이루어지기 위해서 교사는 단순히 유아의 음악활동에 대한 증거물을 보관하는 차원이 되어서는 안 된다는 것이다. 유아들의 음악활동에 대한 포트폴리오 평가를 위해 증거물은 계획적으로 수집 되어야 하며 수집된 증거물은 체계적으로 조직되어야 한다. 그리고 이러한 증거물을 통하여 유아의 음악적 학습발달이 객관적이면서도 총체적으로 평가되고 이후 새로운 음악교수계획에 반영되어야 한다. 포트폴리오에 포함될 수 있는 증거물로는 유아들의 음악적 활동을 하는 모습을 담은 사진, 유아의 음악적 활동을 나타낸 결과물들, 예를 들어 유아의 노래를 녹음한 녹음파일이라든지 유아가 음악 감상 이후 그림으로 표현한 결과물, 악기연주 사진 등이 포함될 수 있다. 뿐만 아니라 교사의 관찰 기록물이 포함될 수 있다. 이를 위해서 교사는 유아 음악활동 계획 시 유아가 경험하게 될 음악적 행동에서 무엇이 음악적 목적인지 인지하고 있어야 하며 다양한 음악활동에 포함된 음악적 요소들을 구체적으로 이해하고 있어야 한다. 뿐만 아니라 다양한 관찰방법을 통하여 유아의 음악적 행동을 분석해야 한다.

안재신(1996)은 유아의 음악적 행동에 대한 관찰 평가에서 활용할 수 있는 연령별 행동목록을 다음과 같이 제시하고 있다.

〈표 1〉 유아의 음악적 행동에 대한 연령별 행동목록

연령	음악적 행동에 대한 행동목록
3세	• 소리의 차이를(일반 환경에서나 음악에서) 점차적으로 표현한다. • 어디에서 소리가 나는지 알고 표현한다. • 여러 다른 음악적 소리에 호기심을 갖는다. • 음악 용어를 사용하기 시작한다. • 제한적이나마 집단적으로 소리를 분류하거나 조직할 수 있다. • 소리에서 같은 점과 다른 점을 보고 들을 수 있다. • 보지 않고도 소리의 같고 다름을 들을 수 있다. • 목소리를 이용해서 자신의 멜로디를 만들거나 작곡된 노래의 일부를 부를 수 있다. • 기본박자에 대한 자신의 구체적 감정에 반응한다.
4세	• 집단에 참가하여 함께 음악을 즐긴다. • 쉽게 음악활동에 접하고 흥미를 지속하는 능력이 신장된다. • 간단한 음과 음색을 구별하는 놀이를 할 수 있다. • 즉흥연주에서 목소리나 악기로 악절의 느낌을 나타낸다. • 특정한 곡조의 노래를 음에 맞게 노래할 능력이 생긴다. • 다른 유아들의 음에 맞추어 노래할 수 있다. • 노래를 할 때 리듬이 보다 정확해진다.
5세	• 보다 기술적이고 짜임새 있는 즉흥곡을 사용한다. • 간단한 반복패턴을 좋아하고 연주하는 능력이 생긴다. • 사람의 음에 맞추는 능력이 증가되고, 음과 리듬의 기억력이 늘어나고, 간단한 내면적 감상을 하기 시작한다. • 동시에 여러 소리가 연주되는 것을 알아듣는다(화음감). • 악절의 느낌을 즉흥 연주하는 능력이 신장된다. • 빠르기의 변화, 계속되거나 끝나는 느낌, 긴 음과 짧은 음, 큰 소리나 작은 소리, 높고 낮은 음의 차이에 적절한 반응을 할 수 있다. • 유아의 음악적 발달에 맞게 작곡된 노래를 부를 때 음과 리듬의 정확도가 증가한다.

다음으로 유아음악교육에서 교사에 대한 평가는 교사의 수업에 대한 부분에 대한 것이다. 교사는 유아를 대상으로 하는 교사 주도적 음악수업에서 이루어지는 음악활동이 유아의 발달에 적합한지, 유아를 흥미를 고려하였는지 그리고 누리과정 및 생활주제와의 연계성을 갖고 있는지에 대한 반성적 사고를 통한 수업평가가 이루어져야 한다. 뿐만 아니라 자유선택활동 및 일과운영에서 일어나는 유아의 자발적인 음악경험을 자극할 수 있는 음악적 환경을 충분히 제공하고 있는지에 대한 평가를 수시로 하고 기록・분석하여 다음 수업계획에 반영하여야 한다.

Chapter 2

누리과정과 유아음악교육

1. 예술경험 영역에서의 유아음악교육 이해

예술경험 영역은 유아가 자신의 친근한 주변 환경에서 발생하는 소리, 음악, 움직임과 춤, 모양과 색 등에서 아름다움을 느끼고, 또래와 교사, 부모, 지역사회의 주민이나 작가가 표현한 예술작품을 가까이 접하면서 탐색하고 창의적인 표현을 즐기며 감상하도록 하기 위한 영역이다. 이러한 성격의 예술경험 영역의 목표는 아름다움에 관심을 가지고 예술경험을 즐기며, 창의적으로 표현하는 능력을 기르는 것이다. 이에 대한 세부 목표는 다음과 같다(교육부 · 보건복지부, 2013).

첫째, 자연과 주변 환경에서 발견한 아름다움과 예술적 요소에 관심을 갖고 탐색한다.

둘째, 자신의 생각과 느낌을 음악, 움직임과 춤, 미술, 극놀이를 통해 창의적으로 표현하는 것을 즐긴다.

셋째, 자연과 다양한 예술작품을 감상하며, 풍부한 감성과 심미적 태도를 기른다.

예술경험 영역은 '아름다움 찾아보기', '예술적 표현하기', '예술 감상하기'의 세 가지 내용을 범주로 구성되며, 내용범주별 내용과 내용별에 따른 연령별 세부내용은 다음과 같다.

〈표 2〉 예술경험 영역의 내용범주, 내용, 연령별 세부내용

영역	내용범주	내용	연령별 세부내용		
			3세	4세	5세
예술경험 영역	아름다움 찾아보기	음악적 요소 탐색하기	다양한 소리, 음악의 셈여림, 리듬 등에 관심을 갖는다.		다양한 소리, 악기 등으로 음악의 셈여림, 빠르기, 리듬 등을 탐색한다.
		움직임과 춤 요소 탐색하기	움직임과 춤의 모양, 힘, 빠르기 등에 관심을 갖는다.		움직임과 춤의 모양, 힘, 빠르기, 흐름 등을 탐색한다.
		미술적 요소 탐색하기	자연과 사물의 색, 모양, 질감 등에 관심을 갖는다.		자연과 사물에서 색, 모양, 질감, 공간 등을 탐색한다.
	예술적 표현하기	음악으로 표현하기	간단한 노래를 듣고 따라 부른다.	노래로 자신의 생각과 느낌을 표현한다.	
			전래 동요를 즐겨 부른다.		
			리듬악기로 간단한 리듬을 표현해 본다.	리듬악기를 연주해 본다.	
			간단한 리듬과 노래를 즉흥적으로 만들어 본다.		리듬과 노래 등을 즉흥적으로 만들어 본다.
		움직임과 춤으로 표현하기	신체를 이용하여 주변의 움직임을 자유롭게 표현한다.		신체를 이용하여 주변의 움직임을 다양하게 표현하며 즐긴다.
			움직임과 춤으로 자신의 생각과 느낌을 표현한다.		

			도구를 활용하여 다양한 움직임을 표현한다.		다양한 도구를 활용하여 창의적으로 움직인다.
		미술 활동으로 표현하기	다양한 미술활동을 경험해 본다.	다양한 미술활동으로 자신의 생각과 느낌을 표현한다.	
				협동적인 미술활동에 참여한다.	협동적인 미술활동에 참여하여 즐긴다.
			미술활동에 필요한 재료와 도구에 관심을 가지고 사용한다.	미술활동에 필요한 재료와 도구를 다양하게 사용한다.	
		극놀이로 표현하기	일상생활의 경험을 극놀이로 표현한다.	일상생활의 경험이나 간단히 이야기를 극놀이로 표현한다.	경험이나 이야기를 극놀이로 표현한다.
				소품, 배경, 의상 등을 사용하여 협동적으로 극놀이를 한다.	
		통합적으로 표현하기		음악, 움직임과 춤, 미술, 극놀이 등을 통합하여 표현한다.	
			예술 활동에 참여하여 표현과정을 즐긴다.		예술활동에 참여하여 창의적으로 표현하는 과정을 즐긴다.
	예술 감상 하기	다양한 예술 감상하기	다양한 음악, 춤, 미술작품, 극놀이 등을 듣거나 본다.	다양한 음악, 춤, 미술작품, 극놀이 등을 듣거나 보고 즐긴다.	
			나와 다른 사름의 예술 표현을 소중히 여긴다.		
		전통예술 감상하기	우리나라의 전통예술에 관심을 갖는다.		우리나라의 전통예술에 관심을 갖고 친숙해진다.

출처: 교육부 · 보건복지부(2013). 3-5세 연령별 누리과정 교사용 지침서. 교육부 · 보건복지부.

이러한 예술경험 영역에서 유아음악과 밀접한 관련이 있는 내용은 음악적 요소 탐색하기, 음악으로 표현하기, 통합적으로 표현하기, 다양한 예술 감상하기, 전통예술 감상하기이다. 이에 대한 구체적인 설명은 다음 장에 제시되어 있다.

2. 예술경험 영역에서의 유아음악교육 내용

1) 음악적 요소 탐색하기

예술경험 영역의 '음악적 요소 탐색하기' 내용은 '아름다움 찾아보기' 내용범주에 포함되어 있다. '음악적 요소 탐색하기'는 유아가 자연과 주변 환경에서 들리는 다양한 소리와 음악에 귀를 기울이고 반응하면서 소리와 음악의 아름다움을 구성하고 있는 음악적 요소를 느끼고 그 특징을 자연스럽게 발견하고, 다양한 소리와 악기 등으로 이 음악적 요소를 탐색하는 능력을 기르기 위한 내용이다. 이러한 음악적 요소를 탐색하는 유아의 능력은 음악의 아름다움을 느끼고 즐기게 하는 동시에 이 아름다움을 소리와 악기 등으로 표현하고 감상할 수 있는 음악적 활동의 기초가 된다(교육부 · 보건복지부, 2013).

이러한 내용은 예술경험 영역의 세부목표 중 자연과 주변 환경에서 발견한 아름다움과 예술적 요소에 관심을 갖고 탐색한다는 목표에 해당하는 것이다. 예술경험 영역의 세부목표에 제시한 예술적 요소는 유아음악교육과 연계하여 보았을 때 음악적 요소에 해당하는 것으로 이해될 수 있다. 음악적 요소란 음악의 기본을 구성하는 기본요소이다. 음악적 요소는 음악을 구성하는 기본적 요소로서 '음악적 개념', '음악구성요소', '음 요소', '음 개념' 등과 같은 용어로 지칭되고 있으며(김현, 2016), 음악의 요소와 음악의 개념을 동일시해서 부르고 있다(성경희, 1988; 김현, 2016 재인용). 이러한 음악개념은 유아음악교육 내용 중 인지적 측면에 포함되는 것이며 유아가 음악교육을 통해 음악을 이해하고 음악활동을 하는데 기본이 되는 음악의 본질적 요소를 의미한다(김현, 2016; 심성희, 2017; 정지원, 2002).

유아의 음악교육을 위해서 교사가 음악전문가가 될 필요는 없으나 유아의 음악적 개념학습을 돕기 위해서 유아교사는 음악에 대한 기초적 지식, 즉 음악적 요소를 이해하고 있어야 한다(누리과정 지침서, 2013; 심성경 외, 2004). 유아교사는 유아가 음악적 개념을 경험하고 이해할 수 있게 하기 위해서 다양한 소리와 음악이 깃들어 있는 아름다움을 느끼고 찾을 수 있도록 충분한 시간과 기회를 주어야 한다. 또한 다양한 장르의 음악을 제공함으로써 유아들이 쉽게 음악적 요소를 탐색할 수 있도록 해야 한다(교육부 · 보건복지부, 2013).

누리과정 지침서(교육부 · 보건복지부, 2013)는 연령에 따라 유아가 어떻게 음악적 요소를 경험해야 하는지에 대한 예시를 연령별 세부내용과 함께 제시하고 있다. 3세와 4세에 제시된 세부내용은 '다양한 소리, 음악의 셈여림, 빠르기, 리듬 등에 관심을 갖는다' 이다. 또한 5세에 제시된 세부내용은 '다양한 소리, 악기 등으로 음악의 셈여림, 빠르기, 리듬 등을 탐색한다' 이다. 이러한 연령별 세부내용에서의 차이점은 3세와 4세는 음악적 요소에 관심을 갖는다는 수준의 음악적 요소가 경험되어야 한다는 것과 5세는 음악적 요소를 탐색한다는 수준에서 음악적 요소가 경험되어야 한다는 것이다. 예를 들어 3세와 4세 수준에서는 연주곡을 감상하고 음악에서 경험되는 빠르기 또는 셈여림에 관심을 갖는 활동을 하거나 빠르기나 셈여림이 다른 연주곡을 감상하고 빠르기 또는 셈여림의 차이를 확실하게 구분해 보는 활동을 하는 것이다. 5세 수준에서는 음악적 요소에 관심을 갖는 수준에서 좀 더 발전하여 빠르기의 차이가 나는 연주곡을 들려주고 구별된 빠르기에 따라 악기로 그 빠르기를 탐색하는 것이다.

이처럼 유아들은 음악적 요소를 학습을 통해 음악적 요소를 이해하는 것이 아니라 유아의 발달 수준에 맞는 직접적인 활동을 함으로써 음악적 요소를 경험하게 되는 것이다. 특히 음악적 요소 경험은 다양한 음악적 표현활동이나 감상활동에서 이루어지는 것으로써 예술경험 영역의 '음악으로 표현하기', '통합적으로 표현하기', '다양한 예술 감상하기(음악관련)'와 유기적으로 연계되어야 한다. 이와같은 음악적 요소는 Chapter 3에서 자세하게 다루었다.

2) 음악으로 표현하기

예술경험 영역의 '음악으로 표현하기' 내용은 '예술적 표현하기' 내용범주에 포함되어 있다. '음악으로 표현하기'는 유아가 노래와 전래 동요를 부르고, 리듬악기를 연주하며, 리듬과 노래를 즉흥적으로 만들어보는 등의 다양한 음악활동을 통해 자신의 생각과 느낌을 표현하도록 하는 내용이다. 유아는 일상생활에서 흥얼거리고 노래하며 소리를 만들어 내는 것을 즐긴다. 다양한 음악활동은 유아로 하여금 표현의 즐거움을 촉진하여 자발적이고 창의적으로 표현하는 경험을 갖게 하며 유아의 음악성 발달의 기초가 된다는 점에서 중요한 의미를 지닌다(교육부 · 보건복지부, 2013).

이러한 내용은 예술경험 영역의 세부목표 중 자신의 생각과 느낌을 음악, 움직임과, 춤, 미술, 극놀이를 통해 창의적으로 표현하는 것을 즐긴다는 목표에 해당하는 것으로서 유아음악과 직접적 관련성을 고려하여 보았을 때 유아는 자신의 생각과 느낌을 음악활동을 통해 창의적으로 표현할 수 있는 경험을 할 수 있어야 한다는 것이다.

유아를 대상으로 하여 음악을 표현할 수 있는 활동 유형은 학자들마다 그 견해가 다소 다르다(추윤선, 2016 재인용).

〈표 3〉 학자에 따른 유아를 위한 음악 표현 활동 유형

학자	유아를 위한 음악 표현 활동 유형
김명순, 조경자(1998)	소리탐색과 소리듣기, 노래 부르기, 악기탐색과 다루기, 음악 감상하기
장은주(2007)	노래 부르기, 악기 연주하기, 듣기와 감상하기 및 몸으로 표현하기, 음악 만들기
안재신(2008)	노래 부르기, 악기 다루기, 듣기, 음악 만들기, 신체표현, 국악
조해영(2009)	노래 부르기, 악기 연주하기, 음악 감상하기, 신체표현하기, 음악 창작하기
하정희, 조영진, 강혜정(2013)	음악 감상, 노래 부르기, 악기 다루기, 신체표현
전인옥, 이숙희(2014)	음악을 듣고 감상하기, 노래 부르기, 악기 연주하기, 신체표현하기, 음악 창작하기
추윤선(2016)	노래 부르기, 악기 연주하기, 신체표현하기, 음악 감상하기, 음악 창작하기

교육부・보건복지부(2013)는 유아를 대상으로 하여 음악을 표현할 수 있는 활동 유형을 노래 부르기, 전래동요 부르기, 리듬악기 연주하기, 리듬과 노래를 즉흥적으로 만들기로 제시하고 있다. 여러 학자들과 교육부・보건복지부(2013)에서 고시한 유아음악교육에 대한 활동 유형을 분석해 보면 학자들은 대부분 신체표현과 음악 감상하기를 음악을 표현하는 활동에 포함시켰다면, 교육부는 신체표현하기를 예술경험 영역의 '예술적 표현하기' 내용범주 중 '움직임과 춤으로 표현하기'로 포함시켰고 음악감상은 예술경험 영역의 '예술 감상하기' 내용범주 중 '다양한 예술 감상하기'와 '전통예술 감상하기'에 포함시켰다. 또한 교육부는 대부분의 학자들이 제시한 악기 연주하기를 리듬악기 연주하기로 음악 만들기(창작하기)는 리듬과 노래를 즉흥적으로 만들기로 제시하였다.

누리과정 지침서(교육부・보건복지부, 2013)는 연령에 따라 유아가 어떻게 예술적 표현하기를 경험해야 하는지에 대한 예시를 연령별 세부내용과 함께 제시하고 있다.

노래 부르기에 해당하는 세부내용으로 3세는 '간단한 노래를 듣고 따라 부른다'가 제시되어 있고 4세와 5세는 '노래로 자신의 생각과 느낌을 표현한다'로 제시되어 있다. 이러한 연령별 세부내용에서 차이점은 3세는 노래의 길이가 짧고, 리듬 형식이 반복적이며, 쉽게 따라 부를 수 있는 음정으로 된 친숙한 노래를 즐겁게 불러보도록 하는 것이고 4세와 5세는 다양한 장르의 동요를 셈여림, 빠르기 등의 음악적 요소에 변화를 주거나 리듬을 삽입하여 자유롭게 노래를 표현하고 특히, 만 5세는 노랫말이나 곡의 분위기를 충분히 노래를 부르며 표현할 수 있도록 한다는 점이다. 예를 들어 3세는 유아의 이름, 좋아하는 동물과 색, 잠자기, 이 닦기 등의 유아와 친숙한 내용의 단순한 노래를 불러보고 4세와 5세는 다양한 종류의 노래를 문답식으로 부른다든지 다양한 목소리로 부르는 등 자신의 생각과 느낌을 표현하며 노래를 부를 수 있도록 한다.

전래동요 부르기에 해당하는 세부내용으로는 3~5세 모두 공통적으로 '전래동요를 즐겨 부른다'가 제시되어 있다(교육부 · 보건복지부, 2013). 전래동요의 교육적 의의는 첫째, 언어적 즐거움을 제공하고 언어발달을 돕는다는 것이다. 전래동요의 반복적인 리듬은 유아에게 즐거움을 줄 수 있고 유아가 읽을 줄 모르더라도 쉽게 암기될 수 있으며 읽는 흉내를 내는 동안 진정한 읽기를 시작하게 되므로 유아들이 읽을 수 있는 기회를 전래동요를 통해서 얻을 수 있게 된다. 뿐만 아니라 단어를 발음함으로써 언어 자체로부터 한국적 정서를 느낄 수 있다. 둘째, 전래동요를 통해서 옛 유아들이 노는 모습, 장난치는 모습, 생활상 등을 재미있게 보여줌으로써 간접경험을 제공하고 전래동요의 특성상 놀이를 하면서 부르는 노래가 많아 유아의 사회성 발달을 돕는다. 셋째, 전래동요는 대부분 동적이고 경쾌한 속성을 가지고 있고 박자와 리듬감을 가지고 있기 때문에 유아에게 좋은 음악적 경험을 제공한다(김세희, 1994; 조윤미, 2009).

3세와 4세는 반복적이며 쉬운 전래동요를 자주 들려주다가 점차 전래동요와 관련된 전래놀이에 적극적으로 참여할 수 있는 기회를 주고 주의집중, 바깥놀이 등의 다양한 형태의 활동과 통합하여 경험하도록 한다. 만 5세에게는 빠르기에 변화주기, 가락과 가사 바꾸기, 전래동요에 맞추어 춤추기 등의 다양한 방법으로 즐기면서 부를 수 있는 경험을 제공한다. 예를 들어 3세는 반복되는 리듬이나 간단한 노랫말로 이루어진 '두꺼비' 전래동요를 놀이와 함께 불러 볼 수 있고, 4세는 '대문놀이' 전래동요를 익히고 연관된 전래놀이를 해볼 수 있으며, 5세 같은 경우 '강강술래' 전래동요를 빠르기, 가락, 가사에 변화를 주거나 전래동요에 맞추어 춤추기 등의 다양한 방법을 활용하여 흥겨운 분위기와 흐름을 느끼며 전래동요를 불러볼 수 있다(교육부 · 보건복지부, 2013).

악기연주에 해당하는 세부내용으로 3세는 '리듬악기로 간단한 리듬을 표현해 본다'가 제시되어 있고 4세와 5세는 '리듬악기를 연주해 본다'로 제시되어 있다. 이러한 연령별 세부내용에서 차이점은 3세는 신체 일부분을 사용하여 여러 가지 소리를 만들고 리듬을 경험하도록 한다는 것이고 만 4세는 보다 다양한 종류의 리듬악기, 폐품으로 만든 악기, 주변의 사물 등을 활용하여 소리를 탐색하고 구별하며, 리듬을 만들거나 연주하도록 한다는 것으로 그 차이점을 알 수 있다. 5세는 친숙한 노래에 맞추어 박자치기, 짧은 리듬 패턴을 듣고 따라 치기, 사물의 특징에 따라서 리듬 등에 변화를 주어 소리 만들기 등 다양한 방법으로 악기를 연주할 수 있는 기회를 준다는 것이 3세와 4세와의 차이점이다. 예를 들어 3세 같은 경우 간단한 리듬악기를 이용하여 시계소리를 만들어 소리를 탐색할 수 있고, 4세는 다양한 악기의 소리 내는 방법을 탐색해 보고 친숙한 노래에 맞춰 즐겁게 연주해 볼 수 있다. 또한 5세는 다양한 악기의 소리 내는 방법을 탐색해 보고 음악적 요소에 변화를 주어 즐겁게 연주해 볼 수 있다.

즉흥적으로 리듬과 노래를 만들어 보기에 해당하는 세부내용으로 3세와 4세는 '간단한 리듬과 노래를 즉흥적으로 만들어 본다'로 제시되어 있고, 5세는 '리듬과 노래 등을 즉흥적으로 만들어 본다'로 제시되어 있다. 이러한 연령별 세부내용의 차이점은 3세는 놀이 중에 자연스럽게 말놀이를 하거나 즉흥적으로 흥얼거리므로 이를 충분히 즐길 수 있도록 한다는 경험을 중심으로 한다면 4세는 이미 잘 알려진 친숙한 곡에 간단한 멜로디와 노랫말을 만들어 보는 경험을 제공한다는 것이다. 5세는 음악활동시간뿐만 아니라 동화, 동시, 극놀이, 움직임 활동 등의 다양한 활동에서 느낌에 따라 즉흥적으로 배경음악을 만들어 보는 경험을 제공할 수 있다. 예를 들어 3세의 경우 '작은 집 창가에서' 노래에 맞춰 손뼉을 치면 간단한 리듬을 만들어 본다든지, 4세의 경우 후렴구 '랄랄라' 부분을 다양한 리듬으로 바꾸어 볼 수 있다. 5세는 노래의 뒷부분에 연결되는 가사와 리듬을 창의적으로 만들어 볼 수 있다. 이처럼 즉흥적으로 리듬과 노래를 만들어 보기와 같은 세부내용은 유아들이 일상생활의 모든 경험, 생각, 느낌을 즐겁게 리듬과 노래로 만들어 볼 수 있도록 간단한 노래형식으로 인사하기, 의성어 · 의태어 부분을 리듬으로 표현하기, 놀이하면서 즉흥적으로 리듬이나 노래를 만들어 부르기 등의 경험을 제공한다(교육부 · 보건복지부, 2013). 악기는 유아의 몸에 연장된 표현기구로 유아들의 충동을 표현해 주는 소리와 음향들이 유아의 감각기관들에 의해 경험될 수 있도록 도와준다(Jungmair, 1992; 박은영, 2009 재인용). 유아단계에서 악기의 사용은 유아가 음악에 대한 흥미와 함께 자신의 내면에 관한 감정을 더욱 잘 표현해 주는 매개체가 될 뿐 아니라 음악에 관한 내면화를 더욱 견고히 할 수 있는 활동이다(박은영, 2009).

3) 통합적으로 표현하기

예술경험 영역의 '통합적으로 표현하기' 내용은 '예술적 표현하기' 내용범주에 포함되어 있다. '통합적으로 표현하기'는 유아가 참여하는 다양한 표현활동들이 서로 통합적으로 이루어지도록 하는 내용이다. 유아는 음악, 움직임과 춤, 미술, 극놀이를 통합적으로 경험하게 될 때 자신의 경험을 조직적이고 종합적으로 표현할 수 있게 되며 더욱 풍부한 표현력을 가질 수 있게 된다.

유아의 음악에 대한 표현활동은 음악 내에서의(한 가지 예술영역 내) 통합, 음악과 음악 이외의 예술 영역 내에서의(두 가지 이상의 예술 영역 간) 통합, 감상과 표현(예술경험 영역의 내용범주 간) 활동의 통합으로 경험하도록 한다. 음악과 음악 이외의 한 가지 이상의 예술 영역 등의 통합활동은 생활주제 안에서 이루어지도록 한다. 또한 주제 전개 시 다양한 음악활동들이 실행되는 음률 영역, 미술 영역, 역할놀이 영역, 쌓기놀이 영역 등의 여러 흥미 영역과 다양한 형태의 대소집단 활동, 개별 활동으로 통합되어 전개될 수 있도록 한다(교육부·보건복지부, 2013).

음악 영역 내에서의 통합이란, 음악적 경험으로 주어지는 소리탐색 및 듣기, 노래 부르기, 음악 감상하기, 악기 다루기, 음악 만들기 등의 음악교육 내용들을 각각 개별적 활동으로 분리하여 경험하는 것이 아니라 통합적으로 연결하여 한 활동으로 경험하게 하는 방법이다. 이와 같이 음악 영역 내에서 다루어지는 음악적 활동이 서로 통합적으로 연결되어 다루어질 때 유아들은 좀 더 음악에 관심을 갖게 되고 음 개념을 좀 더 쉽게 이해하고 표현하며 인지할 수 있게 된다. 음악과 다른 예술 영역, 즉 미술, 시나 이야기, 연극이나 영화, 조형 영역의 통합은 음악에서 느껴지는 감정이나 느낌을 미술작품의 주제와 연관시킨다거나, 춤의 배경음악으로 음악을 사용할 수 있고, 시나 이야기의 소재를 음악과 관련시키거나, 연극 또는 영화의 음악을 경험하는 것이다. 이러한 예술 영역 내에서의 통합은 유아의 신체, 인지, 사회, 정서 발달을 통합시키며 음악능력 발달에 도움이 된다. 또한 음악 영역은 언어, 수, 과학 등과 같은 학문적 교과 영역과 통합되어 다루질 수 있다. 유아들은 수, 동물의 소리, 색깔 및 계절에 관한 노래들을 부르면서 기억력, 서열화, 선율과 리듬을 배우며, 목소리와 악기소리 및 주변 환경에서 나는 소리를 탐색함으로써 음악과 수·과학과 관련된 개념이나 기술을 습득하게 된다(곽봉애, 2010; 전혜미, 2012, 재인용; Manins, 1994; Crinklaw-Kiser, 1996).

누리과정 지침서(교육부·보건복지부, 2013)는 연령에 따라 유아가 어떻게 통합적으로 표현하는 활동을 경험해야 하는지에 대한 예시를 연령별 세부내용과 함께 제시하고 있다. 4세와 5세에 제시된 세부내용은 '음악, 움직임과 춤, 미술, 극놀이 등을 통합하여 경험한다' 이다. 예를 들어 세계 여러 나라 음악을 감상한 후 음악에 대한 느낌이나 분위기를 움직임과 춤으로 표현해 볼 수 있고(4세) 또한 춤에 필요한 민속의상을 만들고 이를 활용하여 움직임과 춤으로 표현해 볼 수 있다(5세). 이러한 활동은 음악과 음악 이외의 예술 영역인 움직임과 춤이 통합된 것으로서 이는 두 가지 이상의 예술 영역의 통합이 이루어졌을 뿐만 아니라 음악 감상과 움직임과 춤으로의 표현이 통합된 것이다. '음악, 움직임과 춤, 미술, 극놀이 등을 통합하여 표현 한다'와 같은 연령별 세부내용과 더불어 3세와 4세에 제시된 세부내용은 '예술활동에 참여하여 표현과정을 즐긴다' 이고, 5세는 '예술활동에 참여하여 창의적으로 표현하는 과정을 즐긴다' 이다. 교사는 유아가 자발적으로 새로운 표현방법을 발견하고 시도할 수 있도록 적극적인 상호작용을 통해 격려하고 음악과 더불어 움직임과 춤, 미술, 극놀이 등의 예술 영역을 골고루 균형 있게 전개하여야 한다.

4) 다양한 예술 감상하기

예술경험 영역의 '다양한 예술 감상하기'와 '전통예술 감상하기' 내용은 '예술 감상하기' 내용범주에 포함되어 있다(교육부 · 보건복지부, 2013).

감상이란 작품의 예술적인 가치를 만끽하는 행위로서 매우 주관적인 시각으로 이루어진다. 표현이란 내면화된 대상을 밖으로 나타내는 현상이라면 감상은 밖의 것이 내면화됨의 과정에서 그 작품의 내적 미를 개념화하는 것이다(정순목, 1992; 이영미, 2001에서 재인용). 음악의 감상방법 중 O'Brien(1993)의 감상의 유형은 감각적 감상, 연합적 감상, 비판적 감상, 심미적 감상으로 나뉜다.

- **감각적 감상**: 음악을 즐기는 것으로서 유아들이 다른 일을 하면서 음악을 듣는 형태
- **연합적 감상**: 비음악적인 것과 연합되어 음악이 불러일으키는 분위기를 연상하며 듣는 형태
- **비판적 감상**: 음악의 연주에 대해 좋고 나쁜점 분석, 곡의 해석이 정확한지에 관한 것, 그 음악의 작곡가가 누구며 어느 시대에 살았는지, 언제, 왜 그 작품을 썼는지에 대한 것을 아는 형태
- **심미적 감상**: 유아 수준에서 음악을 듣고 지각하며 음악의 효과를 느끼고, 반응하고, 이해하고, 즐기는 형태의 심미적 체험 형태(김춘희, 1994; 이영미, 2001에서 재인용)

'다양한 예술 감상하기'는 유아가 음악, 춤, 미술작품, 극놀이 등을 듣거나

보고 즐기는 활동을 통하여 아름다움을 느끼고 각자의 표현을 존중하며 예술 감상에 지속적인 관심과 흥미를 갖도록 하기 위한 내용이다. 이러한 내용에 해당하는 연령별 세부내용으로 3세는 '다양한 음악, 춤, 미술작품, 극놀이 등을 듣거나 본다'로 제시되어 있고, 4세와 5세는 다양한 음악, 춤, 미술작품, 극놀이 등을 듣거나 보고 즐긴다로 제시되어 있다. 예를 들어 음악 감상인 경우 3세는 자유선택활동 시간이나 전이활동 시간과 같이 일과 중에 다양하고 친근한 음악들을 주기적으로 들려주는 활동을 경험하게 할 수 있고, 4세와 5세는 쇼팽의 '빗방울 전주곡'을 감상한 후 음악을 어떤 색으로 표현할 것인지 생각하고 유아가 직접 음악에 대한 느낌을 색으로 표현할 수 있고, 어떤 악기로 연주한 곡인지에 대해 이야기 나누어 볼 수 있다. 이와 같은 연령별 세부내용의 차이에서 보듯이 교사는 생활주제와 관련되고 유아의 발달특성에 적합하면서 유아의 선호도를 고려한 감상 작품을 선정할 수 있어야 한다. 3세 유아는 단순한 작품을 선호하며 만 4~5세는 유아의 주변생활의 경험과 관련된 사실적 주제를 지닌 작품을 선호한다. 유아는 만 5세가 될수록 점차 다양하고 상징적인 표현까지도 감상할 수 있도록 한다. 또한 '다양한 예술 감상하기'에 해당하는 연령별 세부내용으로 3세, 4세, 5세 공통 수준으로 '나와 다른 사람의 예술표현을 소중히 여긴다'가 제시되어 있다. 교사는 유아가 또래나 다른 사람과 예술표현의 차이가 있음을 알고, 각자의 개성과 예술표현을 존중하여 소중하게 생각하고 다루도록 작품에 대한 가치 판단적 표현을 지양하며, 유아들의 자발적인 표현을 긍정적으로 격려함으로써 다른 사람의 예술작품에 대하여 소중히 여기는 자세를 보여준다(교육부 · 보건복지부, 2013).

5) 전통예술 감상하기

예술경험 영역의 '전통예술 감상하기' 내용은 '예술 감상하기' 내용범주에 포함되어 있다.

'전통예술 감상하기'는 과거로부터 현재까지 전해져 내려오는 우리나라 고유의 전통예술에 관심을 갖고, 이와 친숙해질 수 있도록 하기 위한 내용이다. 유아가 전통 물건이나 음악, 춤, 미술작품 등을 자연스럽게 경험해 볼 수 있도록 기회를 제공하는 것이 필요하다(교육부 · 보건복지부, 2013).

누리과정 지침서(교육부 · 보건복지부, 2013)는 연령에 따라 유아가 어떻게 전통예술 감상을 경험해야 하는지에 대한 예시를 연령별 세부내용과 함께 제시하고 있다. 3세와 4세에 제시된 세부내용은 '우리나라의 전통예술에 관심을 갖는다' 이고, 5세에 제시된 세부내용은 '우리나라의 전통예술에 관심을 갖고 친숙해진다' 이다. 음악과 관련하여 볼 때 교사는 유아를 위해 전통악기(예: 아쟁, 해금, 피리, 북, 꽹과리 등)를 교실에 배치하고 이와 관련된 이야기를 들려줄 수 있다. 또한 전통음악을 감상할 수 있도록 계절이나 생활주제에 따라 지역사회 내 민속 박물관 등에서 이루어지는 공연을 관람하는 경험을 할 수 있다.

Chapter 3

유아음악교육을 위한 음악요소

1. 음악개념

음악개념이란 음악 개념적 사고를 가능하게 하며 이러한 음악 개념적 접근방법은 음악의 구조를 이해하도록 돕는다. 즉, 음악의 본질적 요소라 할 수 있다(김현, 2016). 학습자에게 기본적인 음악개념과 요소들을 이해시킴으로써 학습자는 음악의 전체적인 구조와 원리를 파악하게 되고 음악적 개념과 요소들을 청각적으로 경험하여 이해하게 된다. 즉, 자신들의 내면에 존재하는 음악적 아이디어들과 연결을 시킬 수 있게 된다. 음악교육에 있어서 음악개념의 중요성은 우리나라에서도 이미 1980년대부터 학자들에 의하여 강조되었고 실제로 교육과정에 반영되기 시작한 것은 1990년대로 볼 수 있다(석문주 외, 2006). 교사가 음악을 지도할 때는 학습자가 음악의 본질을 탐구하는 과정을 경험하도록 이끌어 주어야 한다. 아름다운 음악을 듣고 마음속에 그 음악에 대한 음악적 아름다움을 느끼게 하고 음악작품 속에서 작곡가가 구상하고 창작한 새롭고 기발한 아이디어나 표현의 의도를 알아내려면 음악을 접하는 사람은 작곡가와 동등한 입장에서 그 작품을 이해할 때 음악적으로 아름다움을 느낄 수 있게 되는 것이다. 즉, 음악이 갖고 있는 여러 가지 원리들과 개념들이 감동으로 다가와 음악을 접하는 사람의 심상으로 전달되어야 한다(안재신, 2006; Leonhard & House, 1972). 이러한 음악개념의 중요성은 누리과정에도 반영이 되어 예술경험 영역의 '아름다움 찾아보기' 내용범주 중 '음악적 요소 탐색하기' 내용으로 제시되어 있다(교육부, 2013).

음악개념에 대한 정의는 학자들마다 다소 차이가 있는데 정리해 보면 다음의 표와 같다.

〈표 4〉 학자에 따른 음악개념

학자	음악개념
성경희(1988)	음악의 본질적 특성과의 직접적인 경험을 통하여 얻어진 개개인의 주관적인 음악적 의미나 아이디어
이홍수(1990)	음악을 이루는 데에 기본이 되는 공통요소의 개념과 음악행위의 보편적인 원리 및 음악적인 의미
Cambell & Scott-Kassner (1995)	리듬, 가락, 음색, 형식, 조직, 음의 표현적 질과 같은 음악적 요소에 포함된 구체적인 개념
석문주(1996)	음악의 구조와 원리를 이해하고 음악활동을 하는데 바탕이 되는 기본적이고 핵심적인 아이디어로서 음악교육과정을 형성하는 핵심
Wiggins(1999)	음악을 근본적으로 이해하는 데 필요한 도식과 같은 것
안재신(2004)	음악의 원리와 구조를 이해하고 음악활동을 구성하는 핵심적인 것으로 음악을 구성하는 가장 기본이 되는 단위
Kim(2005)	음색, 박자, 빠르기 등과 같이 음악을 이루는 요소
강신영(2007)	모든 음악을 이해하는 데 기초가 되는 음악의 본질적 요소로서 리듬, 화음, 음색 등의 음악개념은 음악의 기본이 된 구성요소이면서 동시에 음악의 기본 골격을 이루고 있는 내용들

출처: 김현(2016). 음악개념에 기초한 유아음악교육 프로그램 개발 및 효과. 조선대학교 대학원 박사학위 논문(재인용).

음악의 개념은 학자에 따라서 음악의 요소로 동일시해서 이해되고 있다(성경희, 1988; 김현, 2016 재인용). 이러한 음악개념은 유아음악교육 내용 중 인지적 측면에 포함되는 것이며 유아가 음악교육을 통해 음악을 이해하고 음악활동을 하는데 기본이 되는 음악의 본질적 요소를 의미한다(김현, 2016; 심성희, 2017). 본 서에서는 음악적 개념과 음악의 요소를 동일한 의미로 보는 것에 동의하고, 음악개념적인 측면에서 학자들의 의견을 앞서 본 바와 같이 제시하고 이와 연계하여 음악의 요소를 구체적으로 설명하면 다음과 같다.

2. 음악요소

음악의 요소는 앞서 설명한 바와 같이 음악개념과 같은 맥락으로 개념화된다. 왜냐하면 음악적 개념은 음악을 이해하고 음악활동을 하는데 기본이 되는 요소를 뜻하기 때문이다(심성희, 2017). 이와 같이 음악적 개념을 좀 더 구체적으로 나타낸 음악의 요소를 누리과정과 국내외 선행연구들을 토대로 하여 유아에게 적합한 음악요소를 본 서에는 셈여림, 음색, 빠르기, 리듬, 가락으로 제시하였다. 이에 대한 구체적인 내용은 다음과 같다.

1) 셈여림(dynamic)

셈여림을 음악대사전(1996)에서는 음량의 정도로 정의하고 있다. 이와 같이 셈여림은 소리의 작고 큰 정도를 의미하며 소리의 질적인 특성이기도 하다(Cambell & Scott-Kassner, 1995). 예컨대, 셈여림은 소리의 진동에 따라 세고 여린 정도 및 셈과 여림의 변화를 말하며 악곡을 다양하게 표현해 주는 역할을 한다(이홍수, 1990). 음악이 세게 또는 여리게 연주되면 같은 높이의 음이라도 그 느낌은 달라진다(김현, 2016; 이옥주 외, 2015). 강한 셈여림의 음악은 긴장과 집중을 가져다 줄 수 있고 여린 셈여림의 음악은 친밀감을 주거나 안정감과 편안한 환경을 제공하여 곡의 성격을 분명하게 해 주고 음악에 대한 정서적 표현에 효과적으로 작용한다(Standlley, 2002).

셈여림의 하위요소에는 '큰 소리', '작은 소리', '아주 크게', '아주 작게', '갑자기 크게', '갑자기 작게', '점점 크게', '점점 작게'가 포함된다(박명숙, 2001; 성경희, 1988; 이숙희, 1993). 셈여림은 기호로 표현을 하는데 센 소리를 나타낼 때는 *f*(포르테), 여린 소리를 나타낼 때는 *p*(피아니시모)로 표시를 하고 소리가 점점 커질 때에는 *cersce*(크레센도), 소리가 점점 작아질 때에는 *decresce*(디크레센도), 또는 *dim*(디미뉴엔도)로 표시를 하며 이 음만 특히 세게 할 때는 *sfz*(스포르찬도), 〉(엑센트)로 표시한다.

유아들에게 지도할 셈여림의 음악적 범위는 '큰 소리', '작은 소리', '아주 크게', '아주 작게', '갑자기 크게', '갑자기 작게', '점점 크게', '점점 작게' 이다(김정화, 1998).

학습자 과제 셈여림을 나타낸 악곡 감상하기

2) 음색(timbre)

음색이란 물체의 독특한 재료, 구조, 크기에 따라 구별되어 나는 소리의 차이이다(Cambell & Scott-Kassner, 1995). 즉, 소리의 질 또는 색깔을 의미한다(곽영숙, 2010; 심성경 외, 2004). 예컨대, 여러 가지의 소리는 동물소리, 자연·환경소리, 신체를 이용한 소리, 여러 악기 소리, 목소리 등이 있다(성경희, 1998; 이숙희, 1993). 사람의 목소리는 성대의 생김새에 따라 음색이 다르고, 악기는 생김새와 재질에 따라 음색이 다르다(이홍수, 1990). 사람의 소리나 악기와 같이 연주자에 의해서 음정과 음색을 조정할 수 있는 소리는 음악적 소리라고 하며, 주변의 소리(문 닫는 소리, 자동차의 경적 소리 등)와 같이 그냥 들리는 소리는 비음악적 소리라고 한다(이옥주 외, 2015).

유아는 이러한 여러 가지 소리를 지각하고 비교하며 구별하는 경험을 음색을 통해서 할 수 있다(김현, 2016). 유아들에게 지도할 음색의 음악적 범위는 주위환경소리, 신체를 이용한 소리, 동물소리, 자연소리, 목소리, 여러 악기 소리 등이 있다(김정화, 1998).

학습자 과제 주변 환경의 다양한 소리 녹음하여 들어보기

3) 빠르기(tempo)

빠르기란 음악이 연주되는 속도로서 음악이 빠르거나 느린 정도를 나타낸다(심성경 외, 2004; 김현, 2016). 예컨대, 빠르기에 의해서 음악이 빠르게 또는 느리게 표현되거나, 또는 음악의 빠르기가 곡 중간에서 다양하게 변화되는 것을 말한다(Cambell & Scott-Kassner, 1995). 빠른 음악은 경쾌함과 즐거움을 줄 수 있으며 느린 음악은 안정감과 편안함을 느끼게 할 수 있으며 빠르기를 통해 곡의 성격이 분명히 표현된다(김현, 2016).

빠르기의 하위요소에는 '보통 빠르기', '빠르게', '느리게', '점점 빠르게', '점점 느리게'가 포함되며(성경희, 1998; 이숙희, 1993; 박명숙, 2001), 1분당 박의 속도를 어떻게 하느냐에 따라서 빠른 곡인지 느린 곡인지 정해진다. 1분당 1박의 속도를 108~120 정도를 보통 빠르기라 하고 그 이상은 빠른 곡, 그 이하는 느린 곡으로 간주한다. 곡의 속도가 중간에 변화될 때 쓰는 나타냄 말에는 Allegro(알레그로-빠르게: 1분당 1박의 속도=120~168), Moderato(모데라토-보통빠르게: 1분당 1박의 속도=108~120), Andante(안단테-느리게: 1분당 1박의 속도=76~108), accel.(아첼레란도-점점 빠르게), rit.(리타르단도-점점 느리게) 등이 있다(이옥주, 2015).

유아들에게 지도할 빠르기의 음악적 범위는 '보통 빠르기', '빠르게', '느리게', '점점 빠르게', '점점 느리게' 이다(김정화, 1998).

학습자 과제 빠르기를 나타낸 악곡 감상하기

4) 리듬(beat, rhythm)

리듬이란 시간적인 질서에 의해서 음을 배열한 것(이홍수, 1990)으로 음의 장단과 강약이 동시에 질서 있게 묶어 있는 것을 의미한다(Cambell & Scott-Kassner, 1995). 음의 장단이 시간적으로 배합되어 박자가 되고 이러한 박자는 리듬의 근본적인 단위가 된다(백병동, 199). 즉, 일정한 길이의 음들이 모여서 박이 되고 박에 일정한 간격으로 강약을 주면 박자가 되며 박자를 토대로 여러 가지 리듬을 만들 수 있다(이홍수, 1990). 리듬은 음악에 활력을 공급하는 요소로서(김현, 2016), 하위 요소에는 '기본 박', '규칙적인 박', '강박', '약박', '가락에서 이루어진 리듬 패턴', '길고 짧은 음', '리듬패턴'이 포함된다(성경희, 1998; 이숙희, 1993; 박명숙, 2001). 이옥주 외(2015)는 리듬의 하위요소에는 박동, 장단, 박자, 리듬패턴이 포함된다고 하였다. '박동'은 고정박이라고 하며 시계소리나 심장소리처럼 규칙적으로 음들이 표현되는 것을 의미한다. '장단'은 음들이 시간적으로 얼마나 길고 짧은가를 나타내는 것으로서 음들은 온음표, 2분음표, 4분음표, 8분음표로 음의 장단이 표현된다. '박자'는 박이 진행되는 동안에 강조된 음과 약한 음들이 규칙에 의해 반복되는 것, 2/4, 3/4, 4/4, 6/8 등과 같은 박자표로 표시하고 마디로 구분한다. '리듬패턴'은 박자 안에서 길고 짧은 음들이 묶여져 있는 것이다.

유아들에게 지도할 리듬의 음악적 범위는 기본박(박동), 규칙적인 박(박자), 강박(박자에서 강박), 약박(박자에서 약박), 긴 음(장), 짧은 음(단), 리듬 패턴이다(김정화, 1998).

학습자 과제 노래 악보에서 박동, 박자, 리듬패턴 구별하기

5) 가락(melody)

가락은 멜로디 또는 선율이라고도 하며(음악대사전, 1996), 음의 고저와 장단이 시간적으로 의미 있는 방식으로 조직되어 서로 다른 음높이의 흐름을 나타내는 것을 말한다(Cambell & Scott-Kassner, 1995). 음높이가 다른 두 음 이상이 수평적으로 울리면 가락이 되고 수직적으로 울리면 화음이 된다(박명숙, 2001). 이러한 가락은 음악을 듣고 어떤 곡인지 알 수 있게 도와주고(곽영숙, 2010) 작곡가의 생각이나 느낌을 전달하는 기본 수단이 된다(성경희, 1988). 가락의 하위요소에는 음의 고저와 음의 흐름이 포함되는데 음의 고저는 '음의 높음'과 '음의 낮음'으로 표현되고, 음의 흐름에는 '올라가기', '내려가기', '반복하기', '차례가기', '건너뛰기', '도약하기'로 표현된다(이옥주 외, 2015).

유아들에게 지도할 가락의 음악적 범위는 '높은 음', '낮은 음', '음의 방향', '올라가기', 내려가기, 반복하기, 도약 진행, 순차 진행, 같은 패턴, 다른 패턴이다(김정화, 1998).

학습자 과제 노래를 듣고 가락 분석하기

3. 음악요소에 따른 유아기 발달 특성 및 능력

유아는 자기 주변에 있는 모든 물체를 음으로 만들어 내는 본능을 갖고 있으며 음향 환경, 소리의 변화에 특히 민감하다. 유아들은 부드러운 고음을 선호하고 리듬패턴의 변화뿐만 아니라 빠르기와 박자의 변화에도 반응을 나타낸다. 타악기에 대해 흥미가 집중되는 시기이며 여러 악기의 특징적인 음색 자체에 호기심을 가지며 악기를 만지고 치고 두드려 보며 악기소리를 탐색한다. 또한 유아는 자발적 노래 부르기를 좋아하고 음악에 맞추어 몸을 흔들거나 춤추기를 좋아하며 모방을 통해 노래를 배우고 기억하게 되며 리듬이 있는 곡에 관심을 갖는다(안재신, 2008).

만 3세에 이르면 음의 높낮이, 길이, 셈여림, 음색 등의 기초적인 음의 개념을 형성하므로 표현활동이 보다 원활해지지만 아직은 음정의 변화 등의 구체적인 음 개념까지는 인지하지 못하므로 표현의 정확도는 낮는 편이다. 음악의 박자에 맞추어 몸동작으로 표현을 할 수 있고 단순한 리듬패턴을 모방하고 음의 높낮이, 강도, 속도 등을 변화시키는 등 목소리를 통제할 수 있는 능력이 생긴다. 만 4세에서 5세에 이르면 미숙한 표현활동은 보다 세련된다. 이 시기에는 음역과 리듬 감각이 발달되며 노래를 할 때 선율, 셈여림의 표현이 더욱 발달하게 된다. 그러므로 이 시기에는 표현의 정확성이 향상되고 여러 활동의 동시 작업도 가능하며 자작곡의 노래를 부르는 등의 창작성을 보이기도 한다. 만 5세 이후부터는 가창 중심의 표현활동이 변주를 곁들인 연주와 높이뛰기 등과 같은 신체표현과 연결되기도 하고 본격적으로 감상을 즐기게 된다. 이와 같이 셈여림, 음색, 빠르기, 리듬 개념은 비교적 일찍 나타나며 가락이나 화음, 형식 개념은 늦게 발달한다. 유아의 음악개념 형성을 돕기 위해서는 다각적인 음악경험의 양상에 따라 음악개념이 더 정교해지고 확장되므로 통합적인 음악활동 속에서 음악개념을 다루어져야 할 것이다(송연아, 2001; 황문숙, 2009).

유아의 음악개념에 대한 인지능력을 구체적으로 살펴보면 다음과 같다(곽영숙, 2010; 김순선, 2006; 김현, 2016; 박명수, 2001; 성경희, 1988; 심성희,2017; 이유정, 2011; Cambell & Scott-Kassner, 1995; Miche, 2002; Scott-Kssner, 1992; Shuter-Dysen & Gabriel, 1981; Zimmerman, 1971).

1) 셈여림에 대한 유아기 발달 특성 및 능력

유아는 음악적인 소리들의 세고, 여림을 알 수 있고, 점점 커지는 소리와 점점 작아지는 소리를 알 수 있으며 갑자기 큰소리와 갑자기 작은 소리를 알 수 있다. 3세 유아는 몸의 움직임을 통해 셈여림을 개념화하기 시작하고 5세 유아는 셈여림에 주의해 가며 노래를 부를 수 있게 된다.

2) 빠르기에 대한 유아기 발달 특성 및 능력

유아에게 빠르기 개념이 발달하는 연령은 3세부터이며 4세가 되면 빠르기를 변화시킬 수 있게 된다. 5세가 되면 음악의 빠르기를 변화시킬 경우 그 차이를 식별하고 언어화할 수 있게 된다.

3) 음색에 대한 유아기 발달 특성 및 능력

음색의 구별은 신생아 시기부터 발견되는 능력인데, 생후 2개월의 신생아가 엄마의 목소리를 아는 것은 일찍부터 음색 구별이 가능하다는 것을 나타낸다. 2세 유아는 음악적 소리와 비음악적 소리를 구별할 수 있고 4세 유아는 음색을 구별하는 능력이 현저하게 발달한다. 이때 유아는 다양한 소리의 음질에 기초하여 악기를 소리의 유형, 소리의 길이, 연주 기술 등을 범주화할 수 있다. 5세가 되면 음질의 차이에 관한 개념이 확장되어 다양한 목소리, 각종 타악기와 음조악기를 경험하면서 음색의 개념들을 더욱 확장해 나갈 수 있다.

4) 리듬에 대한 유아기 발달 특성 및 능력

유아는 규칙적인 박을 알 수 있고 짧은 리듬패턴을 손뼉 치기, 두드리기, 악기로 모방할 수 있으며 고정된 규칙적인 박을 맞출 수 있다. 2세 영아는 춤 추는 것 같이 몸을 움직이고 불규칙적인 리듬패턴으로 옹알이를 나타내고 3세가 되면 리듬패턴에 맞추어 손뼉을 치면서 짧은 리듬패턴을 모방하고 반복되는 리듬패턴으로 노래를 자발적으로 부른다. 4세가 되면 리듬을 이해하는 능력이 향상되어 리드미컬하게 손벽을 치거나 두드릴 수 있게 되고 짧은 리듬패턴을 악기로 연주할 수 있게 된다. 5세 유아는 규칙적인 박에 맞추어 움직이면서 박자를 구별할 수 있고, 길고 짧은 리듬을 혼합하여 리듬패턴을 만들 수 있으며 리듬의 빠르고 느림을 구별할 수 있다. 유아들이 주로 선호하는 박자는 2/4, 4/4, 6/8 박자 순이며 노래 부르기에서 4/4박자가 가장 많은 까닭은 리듬이 안정적이며 유아들이 잘 반응할 수 있는 리듬이기 때문이다.

5) 가락에 대한 유아기 발달 특성 및 능력

가락에 대한 개념의 발달은 6개월 미만의 영아가 음의 높고 낮은 차이에 반응하는 것에서부터 시작한다. 1세 반이 되면 음높이의 차이를 구별하고 3세가 되면 음고의 개념이 발달하기 시작하고 4세에는 음높이를 변화시킬 수 있게 되면서 쉬운 가락을 모방하고 간단한 가락을 만들 수 있게 된다. 5세가 되면 가락의 높고 낮음, 가락의 상행과 하행에 대한 개념화가 시작되어(Hair, 1982) 가락의 순차진행과 도약진행, 가락의 반복이나 종지를 알 수 있게 되며 음의 높고 낮음을 신체로 표현할 수 있다.

4. 음악요소에 기초한 유아음악교육

유아는 지식을 통해 음악적 개념을 습득하기보다는 다양한 음악활동을 통하여 자연스럽게 음악적 개념이 형성된다. 음악은 다른 예술과 다르게 소리라는 비언어적 상징체계를 사용하여 인간의 사고나 감정과 같은 주관적인 실체를 전달한다(서현 · 김현, 2012; Haines & Gerber, 2000). 유아가 음악요소를 이해함으로써 음악적 표현의 정확성, 원활성, 다양성, 창의성을 도울 수 있는데(김영연, 2002) 이러한 음악적 요소는 유아가 음악을 먼저 경험하게 한 후 음악에 내재된 음악개념을 소개하면 효과적이다(김현, 2016).

예컨대, 유아는 음악 감상 후 신체나 악기 연주를 통해 리듬, 셈여림, 빠르기, 음색을 표현하는 활동에서 음악적 개념 발달에 효과가 있었고(강신영, 2007; 장영희 · 오연주, 2011), 노래 부르기 활동을 하면서 음악적 개념을 경험했을 때 유아는 리듬을 정확하게 표현하였다(이옥주 · 류진선, 2007). 또한 음악적 요소와 관련하여 다양한 음악활동을 유아가 경험하게 되면 노래, 신체표현, 음악 만들기 등 유아의 음악적 표현능력을 증진시키고 특히 창의성이 향상된다는 것을 알 수 있다(Issacs, 1979). 유아는 음악 속에 내제된 음악요소를 발견하고 음악요소의 특징을 탐색하며 다양한 방법으로 음악을 표현해 봄으로써 음악개념을 이해하고 이는 유아의 음악적 인지능력발달, 표현능력 발달에 긍정적인 영향을 주었다. 이러한 선행연구에 착안하여 음악적 요소를 기초로 유아교육 현장에 유아음악 프로그램을 제공하고 이에 대한 효과를 검증한 연구 중 김현(2016)의 연구결과를 제시하면 다음과 같다.

첫째, 음악적 요소에 기초한 유아음악교육 프로그램이 유아의 음악적 인지능력 발달에 긍정적인 영향을 주었다는 것이다. 동요를 부르거나 음악을 감상하면서 셈여림의 변화를 인식하게 하고 다양한 방법으로 표현하게 하는 것이다.

예시

- '빗방울 전주곡' 감상 후 셈여림의 변화에 맞추어 빗방울 소리 악기로 연주해 보기
- 빠르기가 잘 표현된 감상곡이나 동요곡 들으면서 악기나 신체 이용하여 빠르게, 느리게 점점 빠르게, 점점 느리게 표현하기
- '건너가는 길' 동요에서 나타나는 특징적인 리듬패턴에 맞게 노래 부르기
- '뻐꾹왈츠'에 나타난 뻐꾸기 소리 '솔-미'에서 음의 고저 탐색하여 실로폰으로 연주한 후 다양한 가락으로 뻐꾸기 소리 만들기

둘째, 음악적 요소에 기초한 유아음악교육 프로그램은 유아의 음악적 표현능력 발달에 효과가 있다는 것이다. 즉, 음악적 표현능력 및 하위 영역인 음악적 유창성, 음악적 독창성, 음악적 상상력에 긍정적인 영향을 주었다는 것이다. 예컨대, 소리에 어울리는 신체의 움직임을 다양하게 표현하는 활동, 악기로 여러 가지 리듬이나 가락, 화음을 만들어 보는 활동, 교실에서 나는 여러 가지 소리들을 찾아보는 활동 등을 하면서 음악적 유창성이 향상되었다는 것이다. 또한 유아들이 새로운 소리나 리듬, 가락, 화음 등을 만들어 보는 활동을 통하여 교사의 지시나 다른 친구들이 표현하는 다른 방법을 생각해 보도록 하여 음악적 독창성을 증진시킬 수 있었다고 한다.

예시

- 내가 살고 있는 동네 이름에 어울리는 리듬 만들어 보기
- '군대 행진곡'에 나오는 나팔 소리 듣고 새로운 나팔소리 만들어 보기
- 천둥 번개 소리 악기로 표현해 보기
- 썰매, 소방차, 비행기 등 교통기관의 움직임을 신체로 표현해 보기
- '별사탕 요정의 춤' 동영상 감상하고 짧은 소리에 어울리는 신체의 움직임 표현하기

셋째, 음악적 요소에 기초한 유아음악교육 프로그램은 유아들이 음악개념에 흥미를 갖게 하였고 유아가 음악개념을 이해하고 표현하는데 긍정적인 변화를 가져오게 하였다는 것이다. 음악적 요소에 기초한 유아음악 프로그램 활동이 경험될수록 유아들은 음악개념을 알아가며 흥미를 갖게 되었고 활동 중에 나타난 유아의 음악적 반응은 신체나 악기로 다양하게 표현하는 것을 시도하고 음악적 요소의 특징에 흥미를 가졌으며 음악개념의 특징을 활용하여 즐기는 모습이 나타났다고 한다. 또한 이러한 활동을 반복적으로 경험한 유아들에게 나타난 음악적 반응은 음악개념을 조화롭게 활용하는 모습이었다는 것이다.

이와 같은 음악적 요소와 관련된 유아음악교육의 실증적인 연구는 음악적 요소가 유아의 음악적 발달과 음악적 태도에 어떠한 긍정적인 영향을 미치는지 잘 알려주는 것이라고 볼 수 있다. 많은 연구들은 유아교육 현장에서 기능 위주의 음악교육을 하는 것을 비판하고 있고 유아교사들이 음악적 요소를 잘 이해하지 못하는 원인으로 인하여 유아교육 현장에서 유아음악교육이 풍부하게 일어나지 못하는 것에 대한 문제점을 지적하고 있다(박미경 · 엄

정애, 2008; 엄정애 외, 2009; 유덕희, 1983; 윤지영 · 임승렬, 2011). 그러므로 이와 같은 문제점을 해결하기 위해서 예비교사교육 및 현직교사교육에서는 음악적 요소에 대한 이해와 더불어 음악적 요소와 연계된 다양한 유아음악활동을 지도할 수 있는 역량을 개발할 수 있도록 교육하는 것이 필요하다. 누리과정 예술경험 영역에서도 음악적 요소를 다양한 음악표현활동과 음악 감상활동을 통해서 유아가 음악을 경험할 수 있도록 해야 한다고 제시되어 있다(교육부, 2013).

이에 본 서에서는 이러한 점을 고려하여 제2부 실제 편에서 음악적 요소를 반영한 음악활동 수업계획안 작성을 어떻게 하는지에 대한 실증적인 방법을 제시하여 유아교사의 음악교육 교수활동에 대한 직무능력을 증진시키고자 한다.

Chapter 4

유아음악교육을 위한 교수·학습 방법

본 장에서는 유아기에 경험해야 할 음악교육 내용으로 Zimmerman(1975)과 누리과정을 근거로 노래 부르기, 악기연주, 감상하기에 대한 교수·학습 방법을 제시하였다. 신체표현과 즉흥음악 만들기에 대한 교수·학습 방법은 노래 부르기, 악기연주, 감상하기를 하면서 경험할 수 있는 내용으로 보아 별도의 내용으로 제시하지 않았다.

1. 유아기 노래 지도를 위한 교수 · 학습 방법

인간은 태어나면서부터 주위 환경을 통해 노래를 접하게 되고, 아주 어릴 때부터 가장 일반적인 음악의 형태인 노래를 통해 음악행위가 시작되고(이진우 외, 2006), 유아는 언어를 학습할 때와 같이 노래 부르는 것을 배우게 된다. 노래 부르기는 유아가 음악을 학습하는 데 있어서 가장 쉽고 직접적인 방법이 된다(장은주, 2010). 노래 부르기 활동은 유아교육기관의 다양한 음악 활동 중 가장 보편적으로 접하는 활동이며 유아의 자발적 행동으로 나타나는 음악 영역이다(이옥주 외, 2015).

유아를 대상으로 하는 새 노래 지도의 목표는 유아의 순수하고 자연스러운 목소리로 노래를 부르는 즐거움과 노래하는 태도를 기르고, 혼자 또는 여러 명이 집단적으로 노래를 부르면서 노랫말 등을 통하여 언어 발달을 돕고, 음정에 맞추어 노래 부르는 방법을 배우며, 노래를 자연스럽게 즐기고, 음악에 대해 반응하는 잠재적 능력을 촉진시키고, 기초적인 기능이나 감각을 싹

트게 하기 위함이다. 또한 유아의 상상력, 자기표현의 의욕을 높여 창의성과 사회성을 기르는데 목표를 둔다(김성실, 1999).

1) 유아의 노래 부르기 발달 특성

3세의 유아는 노래 소리를 가다듬기 시작하면서 노래 부르기를 좋아한다. 이 시기에는 단순한 절로 된 노래를 부를 수 있는데 노래의 멜로디에 근접하게 접근을 하며 놀이를 하면서도 노래를 흥얼거리고 부르기 시작한다. 또한 사람의 목소리를 민감하게 듣고 구별할 줄 안다. 그리고 악기나 소리 나는 물체에 관심을 보이는 동시에 박자에 따라 악기를 다루려고 한다. 3세의 유아는 목소리를 더욱 잘 통제할 수 있고 노래 가사를 읊조리거나 간단한 몇 가지 노래들을 부를 수 있게 된다. 4세경부터는 소리들의 관계를 알고 소리들을 순서 짓고 분류하는데 상당한 진보를 보이며 간단한 음이나 음색 구별을 포함한 놀이들에 흥미를 갖는다. 그리고 음역이 넓어지고 리듬의 이해능력이 향상된다. 혼자서 노래할 수 있고, 사회적 활동이 나타나는 시기로 누군가와 함께 노래를 부르고 싶어 하며 여럿이서 음악에 맞추어 악기를 두드려 보고 싶어 한다. 그렇기 때문에 중창, 합창이 가능하고 단결심과 협동심이 이를 통하여 이루어지고 그룹활동에 참여함으로써 다른 유아들이 부르는 노래의 음에 맞추어 노래하는 활동을 가능하게 하며 이것은 이 시기의 유아에게 중요한 활동이다. 5세 이상의 유아는 간단한 음정을 정확하게 낼 수 있고 음역이 확장되며 리듬이 매우 정확해진다. 음의 크기 변화나 곡의 속도에도 주의를 집중할 수 있게 되고 리듬 있고 강한 비트에는 강세를 두어 노래

할 수 있다. 자신의 목소리로 감정이나 의미를 표현할 수 있게 된다. 여러 노래의 가사와 가락을 섞어서 노래 부르는 현상이 있고 아는 노래가 많으면 많을수록 섞음의 정도가 심하게 나타나는데 이러한 현상은 건강하고 바람직한 음악적 성장이다. 이 시기 유아에게는 더 다양한 방법의 음악적 접근이 가능한데 첫 음만 듣고 불러 보기, 부분만 듣고 이어 부르기, 리듬으로만 불러 보기 등과 같은 노래게임이나 즉흥 변주, 노래 만들기 등의 여러 방법으로 지도하는 것이 바람직하다(김성실, 1999).

2) 노래 지도 시 고려점

유아에게 노래를 가르칠 때 바로 율동을 붙이는 것은 음악적으로 미숙한 유아들에게 부적절하므로 음정과 리듬을 정확하게 잡을 수 있도록 도와주고 난 후 노랫말의 의미와 노래의 느낌 그리고 음악적 흐름 등을 유아가 충분히 흡수한 뒤에 율동을 붙인다. 교사는 노래지도를 위한 피아노 반주 시 유아의 맑고 선명한 심성이 드러나 보일 수 있는 간단하고도 명료한 동요반주를 하도록 한다. 피아노 반주로써 노래의 정확한 음과 리듬을 제시해 주어서 유아가 정확하게 노래를 부르게 되면 다른 여러 가지의 악기들로 반주를 넣어줌으로써 유아들이 반주악기가 다를 때마다 새로운 느낌과 기분으로 노래 부를 수 있게 해 준다. 유아에게 적합한 노래는 내용이나 음악적인 면에서 유아의 음악적 특성에 적합한 노래를 활용해야 한다. 유치원에 다닐 정도의 유아에게는 가온 도에서 높은 도 사이의 음을 내기가 가장 알맞다(김정화, 2000).

일반적으로 유아들은 노래를 시작할 때 높은 음보다는 낮은 음을 좋아하고 주어진 가사만으로보다는 '우', '나' 등의 한음절어를 사용하여 노래 연습을 하는 것이 음역 확대를 위한 효과적인 연습법이다. 연령이 높아질수록 사용 음역도 확대되고 남아보다는 여아가, 그룹으로 부르기보다는 혼자서 불러보기가 개인의 음역 확대 및 가창력 발달에 효과적이다. 유아교사는 유아의 실제 음역에 맞는 노래를 선택한다. 유아가 감당할 수 없는 음을 내게 되면 노래 부르는데 어려움을 느끼고 좌절감과 열등감을 느끼게 된다. 음정의 오르내림이 격한 도약진행보다는 음정의 오르내림이 편안한 순차진행이 좋다. 곡의 길이는 두 도막 이내가 알맞다(김정화, 2000). 유아에게는 2도, 3도의 음정이 제일 쉽고, 4도, 5도, 6도까지의 음정도 그다지 어렵지 않지만 많은 반복은 피한다(김성실, 1999).

유아는 언어나 어휘 능력이 완전히 발달되지 않은 상태이므로 노랫말은 유아가 어려워하지 않고 단순한 말로 되어 있어서 유아들이 쉽게 받아들일 수 있는 말로 되어 있어야 한다(김성실, 1999). 노랫말의 뜻은 명료한 게 좋고 유아가 경험한 내용의 가사, 유아에게 아름다운 상상을 유발하는 노랫말, 노래 속에서 새로운 사실을 발견할 수 있는 노랫말로서 유아로 하여금 기쁨과 흥미를 느낄 수 있도록 하는 노랫말을 가진 노래가 좋다. 유아 노래의 노랫말은 유아로 하여금 자신이 노래속의 주인공이라는 감정을 유발할 수 있도록 유아의 생활과 밀접한 관련이 있는 것이어야 한다. 예컨대, 유아 주위의 인물, 동물, 탈것, 계절의 변화, 과일, 곡식, 우주, 이 닦기, 손 씻기, 잠자러 가는 등의 소재로 된 노래가 좋다. 리듬은 단순한 것일수록 좋고 복잡한 리듬의 곡이나 호흡에 무리가 가는 노래는 피하는 것이 좋다. 유아들에게 적합한 박자는 2/4, 3/4, 4/4이며, 2박자의 노래는 경쾌하며 귀엽고 깜직스러운 느낌이 있고, 4박자의 노래는 안정감을 주거나 씩씩하고 튼튼한 느낌을 준다. 3박자의 노래는 정서적이며 대비와 조화가 잘 이루어지는 느낌을 주어 가장 예술적인 리듬이다(김정화, 2000).

교사는 유아들에게 노래를 가르치기 위해 노래와 관련된 많은 자료를 제시하고 교사의 범창과 범주를 자주 들려주어 유아가 노래 전체의 흐름과 곡의 느낌을 알 수 있도록 돕는다. 또한 노래를 다양한 방법으로 불러보도록 하는데, 예를 들어 노래에 맞추어 리듬치기, 악기 두드리기, 노래를 독창 중창으로 불러 보기, 노래를 이어 불러 보기 등을 통해 음악 감각을 넓고 깊게 하도록 한다. 노래 지도 시에는 유아의 집중시간을 고려하여 장시간의 지도가 되지 않도록 한다. 유아가 대집단으로 노래를 부르게 될 경우 교사가 '시작', '큰소리로' 등과 같은 말로 강요하지 않고 피아노의 전주나 간주를 들으면서 유아가 스스로 자연스럽게 노래를 시작할 수 있도록 하여 노래를 순수하게 경험할 수 있도록 한다. 유아는 자신이 노래를 부르면서 스스로 감상하고 평가할 수 있으며 노래를 대집단으로 가르치고 난 후에도 간식시간이나 휴식시간 또는 자유선택활동 시간에 배웠던 노래를 스스로 부를 수 있게 한다거나 노래를 들려주어 노랫말의 의미나 가락이 반복 전달될 수 있도록 한다.

2. 유아기 악기지도를 위한 교수 · 학습 방법

유아들은 자기의 주변에 있는 모든 물건으로 소리를 만드는 본능을 가지고 있다. 유아들은 스푼을 쥐고 국그릇을 때리거나 컵이나 접시를 탁탁 쳐서 소리를 낸다(서석남, 1982).

유아들은 악기를 두드리는 가운데서 신체의 근육이 움직여짐으로써 생기는 운동 신경감각과 눈으로 교사의 음악적 움직임을 보고 머리로 생각하고 손으로 악기를 두드리며 그 소리를 귀로 듣고 입으로 노래를 부르는 등의 움직임을 동시에 함으로써 유아들은 음악적 성장과 함께 몸의 성장도 하게 된다(김정화, 2000). 유아기에는 소리에 대해 흥미와 호기심을 갖는데 특히 유아 스스로 무엇인가를 두드리고, 흔들고, 긁고, 소리를 만드는 것을 좋아한다(이지연, 1999). 유아의 이런 행동 특성과 일치하는 악기의 사용은 유아음악교육에서 반드시 이루어져야 한다. 실제로 음악활동 중에 유아는 악기를 연주하는 것에 가장 큰 흥미를 보이며, 음악수업 중 악기와 관련된 시간에 열중한다는 보고가 있다(Littleton, 1991). 유아들의 발달을 고려해 볼 때 유아기에 있어서 악기는 연주 이전의 단계에 있다는 것을 알아야 한다(이기숙 외, 1985). 즐겁고 자유분방하게 놀이를 즐기는 유아들은 어떠한 노래든 자기가 기억하고 있는 것을 악기로 표현해 보고자 노력하므로 이 시기에 악기를 도입하여 학습시킨다는 것은 매우 중요한 일이다. 유아음악교육에서 악기 지도는 유아의 성장에 따라 또 음악적 성장에 따라 차차 많은 악기를 체험시키도록 지도해야 한다(고헌전, 1986).

악기 다루기는 모든 유아를 위한 음악적 기본 활동 중의 하나이며 악기를 사용하고 연주해 봄으로써 음악의 기본개념인 셈여림, 리듬, 음의 고저 및 멜로디, 음색, 하모니, 음악형식들의 발달을 돕는다. 또한 시각적, 촉각적 경험을 통해 악기를 적절히 다루고 사용하는 방법을 알게 해주어 음악적 상상력을 펼쳐나가는데 있어서 중요한 역할을 한다(송연아, 2001).

1) 유아의 악기연주 발달 특성

3~4세가 되면 리듬악기를 통해 박자, 리듬, 강약, 속도 등을 표현하여 연주, 기초적인 눈과 손의 협응력을 통해 박자를 맞춘다거나 노래의 분위기를 악기로 연주할 수 있게 된다. 4~5세가 되면 다양한 리듬악기로 자신의 음악을 만들고, 노래의 반주나 리듬합주 등을 할 수 있다. 눈과 손의 협응이 많이 발달하여 작은 손가락 심벌즈나, 건반 악기 등을 다룰 수 있게 된다(장은주, 2010).

3세는 소리의 차이를 인식하고 소리를 분류하거나 조직하기 시작, 리듬악기를 사용하여 음악의 비트를 연주, 기본박자에 규칙적으로 반응, 느린 박보다는 빠른 박을 더 쉽게 인식하고 즐긴다. 타악기나 주변의 물건을 이용하여 리듬, 강약, 고저, 속도를 표현하는 것이 가능해진다. 4세는 박자를 비교적 정확하게 표현하고 간단한 리듬합주를 들으면서 합주에 사용된 악기의 소리를 알아낼 수 있다. 그룹에 참가하여 함께 음악을 즐기는 능력이 커지며, 귀로 듣는 능력이 발달한다. 노래의 반주로 혹은 자신이 만든 곡조를 연주하는데 많은 리듬악기를 사용하여 연주할 수 있고 즉흥연주에서 목소리나 악기로 악절의 느낌을 나타내기도 한다. 악기나 노래의 이중주에 관심을 갖고 기본 박 리듬에 대한 흥미가 강하며 간단한 리듬패턴 모방이 가능하다. 5세는 청각능력이 현저히 발달하고 노랫말 없이 악기로만 연주해도 곡을 알아맞힐 수 있을 정도의 발달을 보인다. 대부분의 리듬악기를 연주할 수 있게 되며 리듬패턴을 만들기 시작하고 그룹의 구성원으로 음악활동을 즐긴다. 악절의 느낌에 따라 즉흥연주를 하는 능력이 신장되어 빠르기의 변화가 계속되거나 끝나는 느낌, 긴 음과 짧은 음, 큰 소리와 작은 소리, 높고 낮은 음의 차이에 따라 적절한 반응을 하며 악기를 연주할 수 있다. 가락악기를 칠 수 있는 능력이 현저하게 발달하여 한손으로 키보드를 칠 수 있으며, 음의 고저, 장단 등과 같은 음악의 구성요소를 시각적인 부호와 연결하기 시작한다(이옥주 외, 2015).

2) 악기연주 지도 시 고려점

유아들에게는 악기를 다루는 기술에 너무 치우치게 하지 말고 많은 곡을 연습시키거나 좀 더 연주곡을 다듬으려고 하지 않으며 유아의 발달을 고려해서 유아의 능력으로 유아답게 악기연주를 즐기게 한다. 악기연주의 기본적인 원리는 힘 빼기와 반동, 탄력, 공명주기인데, 연주자의 어깨, 팔, 손목 중 어느 한 곳이라도 힘을 주게 되면 악기의 소리가 올바르게 나지 않게 되므로 악기 연주 시에는 힘을 뺄 수 있도록 지도하고, 손가락, 손바닥, 채, 어느 것으로 악기를 치더라도 반동의 원리로써 탄력 있게 튀어 오르듯이 쳐서 공명이 이루어지도록 지도한다(김정화, 2000). 악기연주 지도 시 먼저 악기로 자유롭게 치는 놀이를 즐기며 각 악기를 어떻게 치면 제일 잘 울리게 하는가를 생각하고 악기를 쥐는 방법, 치는 방법을 알려준다. 또한 노래하며 악기를 자유롭게 치게 한다. 악곡의 프레이즈마다 분담연주가 될 수 있도록 하고, 단일악기로 치는 방법을 여러 가지로 해서 복합 연주에 익숙하게 하고 두 가지 이상의 악기의 분담연주나 악기가 릴레이가 될 수 있도록 악기의 여러 가지 짜임을 정확하게 하여 합주를 즐길 수 있게 한다(김재원, 2009). 유아에게 가장 친숙한 악기 중 리듬악기의 지도단계 및 리듬악기의 올바른 연주법은 다음과 같다(송연아, 2001).

리듬악기 지도단계

- **1단계**: 리듬악기와 친근하게 하는 단계로서 리듬악기를 자유롭게 치는 놀이를 즐기게 하여 리듬악기가 어떻게 하면 소리가 나고 어떻게 치면 제일 잘 울리게 소리를 낼 수 있는지 생각하게 한다. 또한 노래를 하며 리듬악기를 자유롭게 치게 한다.
- **2단계**: 노래에 맞추어 기본 리듬 프레이즈를 바르게 칠 수 있게 한다. 단일 리듬악기로 치는 방법을 다양하게 하기도 하고 복합 연주에 익숙하게 할 수 있도록 두 가지 이상의 리듬악기 분담 연주자 악기 릴레이를 경험할 수 있도록 한다.

리듬악기 연주법

- **큰북**: 북은 박자를 강조할 수 있는 좋은 악기이다. 큰북은 강박에 사용되어 쿵 악기라고도 하고 세고 침착한 소리를 내므로 합주의 중심이 되기도 한다. 북의 테두리가 깊고 클수록 저음이 나며 북면의 가운데로 갈수록 저음이 난다.
- **작은북**: 약박자를 치므로 짝악기라고 불리며 리듬악기 중에서 주법이 까다로운 편에 속한다. 온도에 예민하므로 북면의 나사를 조절하여 울림 줄위 조율을 적당히 해야 좋은 소리가 난다. 북채를 가볍게 쳐서 소리를 내는데 처음에는 오른손으로만 치다가 익숙해지면 양손으로 연주한다. 왼손 북채는 좌우로 치며 오른손 북채는 상하로 치는데 각각의 북채와 가죽 면과의 각도는 15도, 채끼리는 90도를 유지하며 공을 튀기는 기분으로 친다. 유아는 신체 발육상 서서 치는 것보다는 상위에 올려놓고 치는 것이 더 편하다.

- **탬버린**: 찰찰이 흔들이라고도 불리며 북과 심벌즈의 효과를 갖는 쿵 악기에 속한다. 왼손의 엄지손가락으로 테의 겉면을 든든히 쥔 다음 다른 네 손가락은 테의 안쪽 면을 잡고 오른손으로 친다. 악센트는 손바닥으로 치고 스타카토와 쉼표에서는 북면을 위로하여 한손가락으로 끝으로 친 다음 바로 북면의 위를 손끝으로 누른다.
- **칭칭이**: 칭칭이는 쿵 악기에도 속하고 특별한 부분에서 독특한 음색을 들려주므로 독주악기로도 쓰인다. 쇠막대의 굵기와 길이에 따라 음이 변하는 것을 고려하여 연주해야 하는데 쇠막대가 굵거나 길면 저음이 강하고 막대가 가늘거나 짧으면 고음을 낸다. 채를 칠 때에는 삼각형의 변과 직각이 되도록 하고 음의 여운을 남기기 위해 손목을 부드럽게 튕기듯이 중앙을 가볍고도 신중히 내리쳐야 한다. 트레몰로를 칠 때에는 손목의 힘을 완전히 뺀 상태에서 가볍게 빨리 두드려야 한다.
- **캐스터네츠**: 캐스터네츠에는 손 캐스터네츠와 막대 캐스터네츠 두 종류가 있다. 손 캐스터네츠는 오른손은 위로하고 왼손은 아래로 하여 가볍게 친다. 보통은 여린 소리에 많이 쓰이므로 짝 악기에 속하며 이 때에는 한두 손가락으로 치지만 센소리를 낼 때에는 가벼운 주목으로 소리를 낸다. 긴 박자에서는 트레몰로를 길게 유지해야 하므로 손가락의 민첩한 움직임이 필요하다. 막대 캐스터네츠를 연주할 때에는 수평으로 쥔 다음 악기의 손잡이를 다섯 손가락으로 가볍게 잡고 빠르게 악기를 아래위로 흔들어서 소리를 낸다. 트레몰로를 칠 때에는 손목의 힘을 빼고 악기를 위로 올린 다음 그것을 앞뒤로 가볍게 빨리 흔들어 준다. 특히 막대 캐스터네츠는 트레몰로나 장식음을 표현하는데 적합하다.

교사는 유아로 하여금 악기를 소중히 다룰 줄 아는 태도를 가르치고 유아가 악기소리를 창조하고 실험해 보도록 충분한 시간을 주고 충분한 공간을 확보해야 한다. 또한 악기소리는 자칫 소란스러운 분위기를 만들 수 있으므로 유아가 정해진 시간에 악기를 소리내는 시간과 자유롭게 악기를 소리 내는 시간을 분별할 수 있도록 지도한다. 악기는 보관 시 먼지나 습기에 주의하여야 하므로 유아로 하여금 악기를 제공해 줄 때는 사용 후의 보관법도 가르쳐 주어 유아가 악기 사용 후 올바르게 악기를 보관하는 습관을 기를 수 있도록 한다.

유아에게 적합한 악기의 종류는 학자들마다 다소 구분을 다르게 하여 소개되지만 크게 선율악기와 무선율악기로 나눈다. 이를 정리하여 살펴보면 다음과 같다(김정화, 2000; 이옥주 외, 2015; 임혜정, 2008; 장은주, 2010).

악기의 종류

- **선율악기**: 실로폰, 피아노, 오르간, 멜로디언, 리코더, 핸드벨, 핸드차임, 칼림바, 밤벨
- **무선율악기**: 큰북, 작은북, 트라이앵글, 캐스터네츠, 탬버린, 우드블럭, 리듬막대, 마라카스, 심벌즈, 스네어드럼, 핸드드럼, 봉고, 콩가, 젬베, 로터리 팀파니

기존의 상품화된 악기 외에 교사는 유아의 발달에 적합한 악기를 생활주제 및 유아의 흥미에 적합하게 창의적으로 개발할 수 있다. 교사는 주변의 재활용품이나 손쉽게 구할 수 있는 재료를 이용하여 창의적 악기를 개발할 수 있다. 개발의 실제 예시는 다음과 같다.

창의적 악기 제작안

<table>
<tr><td>악기명</td><td>개굴개굴 쉑쉑</td></tr>
<tr><td>대상 연령</td><td>만 3세</td></tr>
<tr><td>재료</td><td>미끄럼방지 밑창, 연두색 펠트지, 빨간색 펠트지, 검은색 펠트지, 초록색 스팡클, 바늘, 검은색 흰색 실, 눈알, 글루건, 벨크로, 피스타치오 껍질, 플라스틱 통, 두꺼운 도화지</td></tr>
<tr><td>제작 방법</td><td>① 미끄럼방지 밑창을 유아 발에 맞게 오린다.
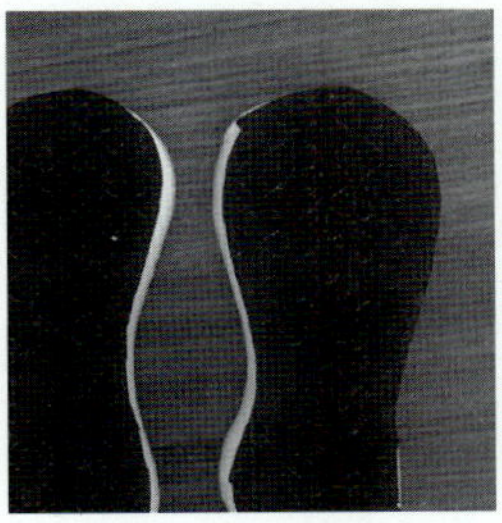
② 연두색 펠트지를 잘라놓은 미끄럼방지 밑창과 동일하게 자른다.
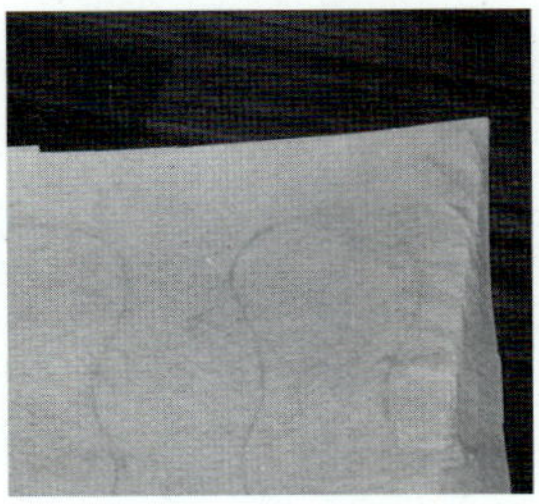</td></tr>
</table>

③ 잘라놓은 연두색 펠트지와 미끄럼방지 펠트지를 검은색 실로 꼬맨다.

④ 밑창과 맞게 덧신 덮을 윗 부분을 연두색 펠트지를 이용해 오린다.

⑤ 개구리 눈 부분을 컴퍼스로 그린 다음 오린다.

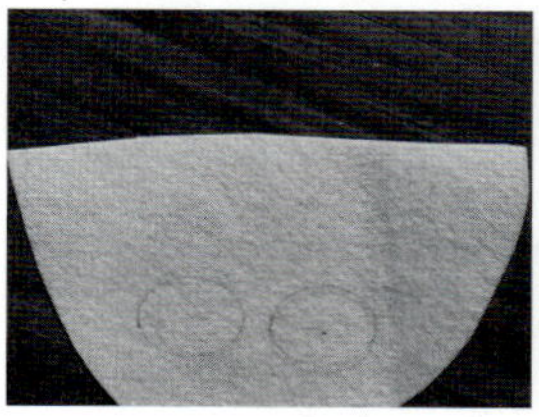

⑥ 두꺼운 도화지에 컴퍼스로 동그라미를 그려 오린다.

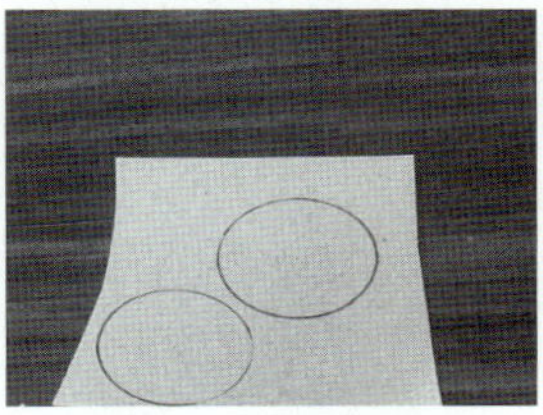

⑦ 오린 두꺼운 도화지를 플라스틱 통에 피스타치오 껍질을 넣고 글루건으로 덮는다.

⑧ 플라스틱 통을 덧신 덮개 부분에 넣고 글루건으로 붙인다.

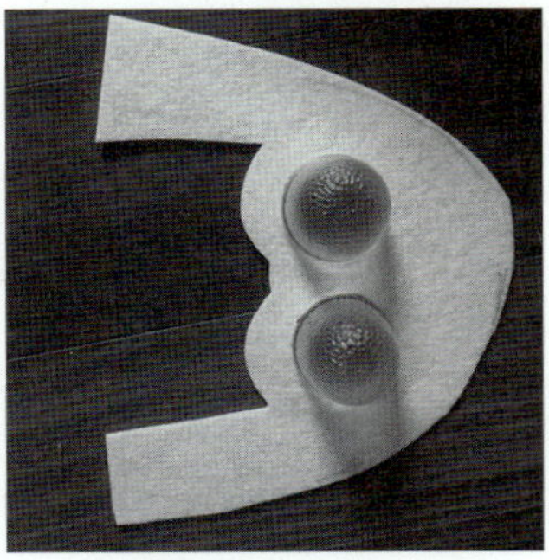

⑨ 이전에 만들어 놓은 밑창 부분에 ⑧을 슬리퍼 앞 부분 모양으로 틀을 잡은 후 실로 궤맨다.

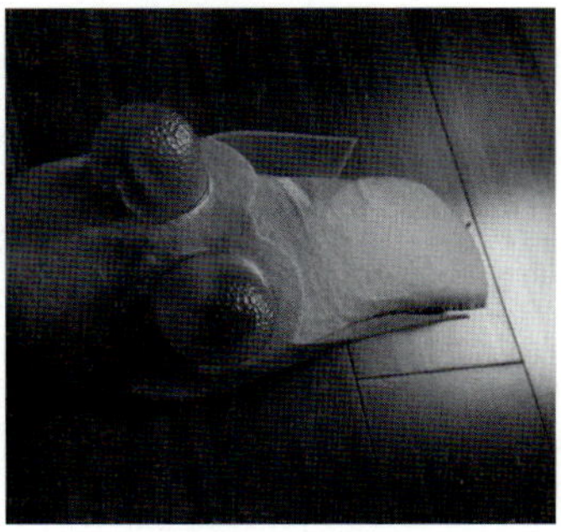

⑩ 슬리퍼 앞 부분에 부착된 플라스틱 통은 개구리의 눈으로 꾸며주고 입을 부착하여 개구리 얼굴 모양으로 슬리퍼를 꾸며준다.

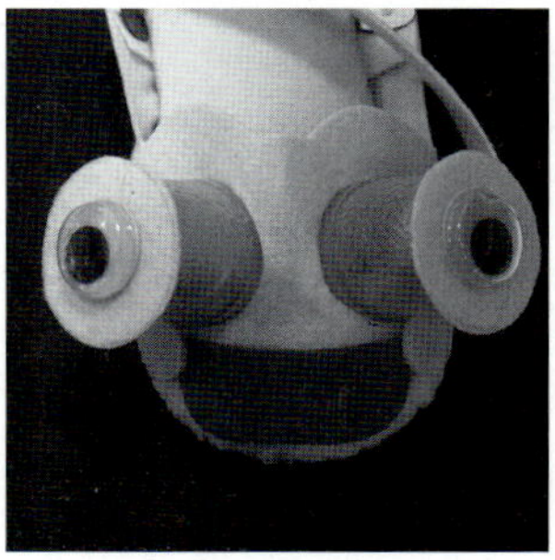

⑪ 유아의 발에 맞게 조정할 수 있는 끈은 만들어서 궤맨다.

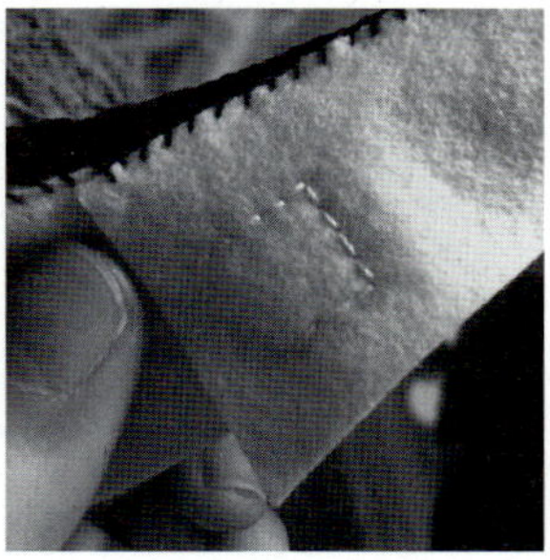

활동 방법	① 개굴개굴 쉑쉑을 신는다. ② 슬리퍼 뒷면에 부착되어 있는 끈을 이용하여 유아의 발 길이에 맞게 조정하고 발을 구르거나 좌우로 흔들어 악기 소리를 낸다. ③ 친구와 서로 발을 부딪쳐 악기 소리를 낸다.
완성된 악기 사진	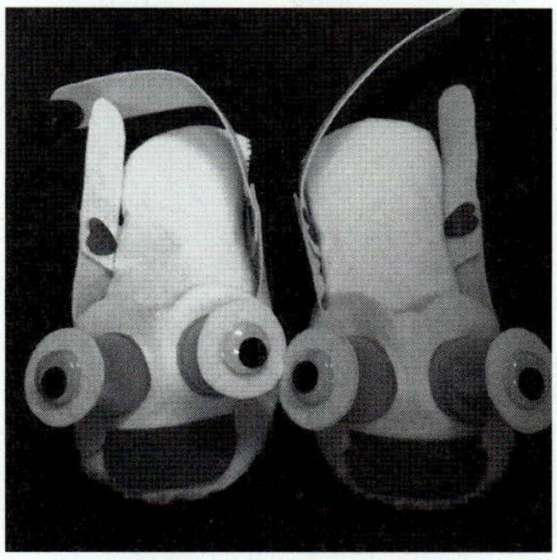

3. 유아기 음악 감상지도를 위한 교수 · 학습 방법

음악 감상을 통해 유아는 음악적 감각에 자극을 받고 음악의 아름다움을 발견하게 되며 음악을 애호하는 감정을 갖게 된다. 다양한 음악활동 중에서 중요한 것은 음악 감상이며 음악은 듣는 것에서부터 시작되기 때문에 음악이 있는 곳에서는 감상이 항상 우선적으로 이루어져야 한다(안재신, 2004).

이와 같이 음악 감상은 유아기에 경험할 음악활동에서 중요한 역할을 차지하고 있으며 많은 학자들은 유아기 음악 감상의 중요성과 더불어 교사가 유아에게 음악 감상을 어떻게 접근해야 하고 또한 유아를 어떻게 학습하게 할지에 대해서 논의하였다.

음악 감상은 단순히 음악을 듣는 것(Listen)이 아니고 음악을 감상(Appreciation)하는 것이다. 감상(Appreciation)의 어원은 라틴어의 Appretio에서 유래된 말로 예술작품을 음미하고 그 미적 내용을 즐기며 이해하는 체험이다. 이처럼 '음악듣기'와 '음악 감상'은 다소 상이한 의미를 지니며, 집중하지 않는 무의식적인 '음악듣기'는 미적 경험을 이룰 수 없다는 것이다. 음악에 주의를 집중하여 소리에 대한 감정을 주관적으로 인지하도록 하는 '음악 감상'은 '음악듣기'에 비해 좀 더 적극성을 띠게 된다. 음악 감상은 감상자가 음악에 대해 정서적, 지적으로 감응하고 반응하면서 특정한 느낌을 받고 표현 내용을 수용하는 역동적인 과정이다. 음악 감상 활동을 통해 유아는 음악의 본질을 느끼게 된다. 유아가 음악 감상을 통해 의미 있는 음악적 경험을 하며, 음악 감상을 통해 삶의 가치를 확대하도록 목적을 갖기 위해서는 음악을 능동적으로 귀 기울여 듣는 것이 선행되어야 한다. 그리고 유아로 하여금 음악 감상 활동에 적극적으로 참여하여 지각하고, 느끼고, 감동하도록 하는 것이 중요하다. 음악을 감상하는 일은 음악의 요소들을 분별하고 그들의 상호관계를 파악하며, 그 요소들이 조직되는 원리를 지각하는 것이다. 유아는 음악을 종합적이고 분석적으로 듣는 반복적인 과정을 통해 음악요소를 분별하고 음악 요소 간의 관계를 파악하며 음악 요소의 조직 원리에 대해 깊이 있게 지각할 수 있게 된다. 즉, 음악 감상은 음악을 구성하고 있는 음악적 개념들이 표현하고 있는 다양한 의미에 대해 지각하고 감응하는 과정까지 내포하는 역동적인 과정인 것이다. 음악 감상은 유아가 음악적 감수성을 가질 수 있도록 도울 뿐만 아니라 음악적 능력의 계발, 집중력 및 탐구력의 증진, 감상능력의 배양 등의 다양한 교육적 가치를 가지고 있다. 유아 음악 감상은 단순히 소리나 음을 지각하고 이에 대해 정서적 경험을 하는 것으로 그치는 것이 아니라 음악을 진정으로 즐기기 위해 음악을 이해하는 과정까지 포함되어야 한다. 음악 감상 활동은 음악 작품을 음미하고 음악의 미적 이해를 이해하고 즐기도록 하는 음악활동의 기초가 되며, 유아로 하여금 음악의 원리에 대해 민감성과 감수성을 길러주는 동시에 음악적 표현력을 북돋우어 주는 의미 있는 활동이다. 따라서 교사는 유아가 음악 감상 활동을 통해 음악을 적극적으로 탐색하고, 빠르기, 셈여림, 리듬, 화성과 같은 음악적 개념이 나타나는 여러 장르의 다양한 음악을 들려주어 유아가 음악에 주의를 기울이고 음악에 대해 사고할 수 있는 기회를 제공해야 한다. 유아들은 음악을 들으면 수준이 낮고 유치하나마 곧 바로 비기교적인 반응이 일어난다. 그 반응은 대체로 감각적이며, 운동 신경적이며, 추상적이다. 유아들은 음악을 들으면 즉시 몸을 움직이며 흔든다든가 상상의 나래를 펴서 음악의 느낌과 성격을 나타낸다. 그러므로 음악 감상 지도는 유아의 신체적, 감각적, 언어적, 정신적 성장을 도모하는 것이어야 한다(강신영, 2008; 곽영숙, 2010; 김성균,1990; 김인실, 2003; 김정화, 2000; 남선옥 · 김호, 2013; 이홍수, 1992).

1) 유아의 음악 감상 발달 특성

3세에서 5세의 유아는 음악을 실제로 느끼고 리듬적으로 표현하게 된다. 3세는 짧은 음악을 잘 듣고 악기를 특별하게 구별하지는 못하지만 일정한 박자를 단순하게 유지할 수 있다. 또한 생활주변에서 자연스럽게 접하게 되는 소리, 동물의 울음소리, 일상생활에서 들리는 소리, 각종 기계음, 음성 등과 같이 비교적 짧은 듣기경험을 즐긴다. 똑똑, 딸랑딸랑, 쿵쿵 등 다양한 음악적 요소가 나타나는 소리에 관심을 보인다. 반복되는 단어를 사용한 노래 듣기를 즐기며 특히 반복된 구절을 따라하며 좋아한다. 그러나 감상한 음악의 느낌을 언어로 표현하기 힘들다. 4세는 박자와 같은 음악적 특징, 음악적 소리를 만들어 내기 위한 환경, 음악에 있어서의 효과나 분위기 등을 인식하게 되며 자신이 알고 있는 곡에 관심을 갖고 박, 음높이, 빠르기 등에 대한 인식을 할 수 있다. 또한 유아 자신이 좋아하는 음악 그리고 좋아하는 멜로디를 반복해서 듣고 싶어 한다. 다양한 종류의 음악에 대한 호기심이 왕성하고 흥미지속시간이 증가한다. 소리를 눈으로 보고 귀로 듣는 능력이 생기기 시작한다. 음악을 들을 때 비교적 오랫동안 집중할 수 있다. 5세는 개인적인 표현 단계로서의 감상을 하며 음악에 있어서 표현적 몸짓, 분위기와 특징을 인식하게 되고 음악을 이야기나 시각적인 이미지 등과 쉽게 연관시킬 수 있다. 청음능력도 3세 또는 4세에 비해 현저히 발달하며 악기의 크기, 형태, 음높이, 음색에 따라 구분할 수 있다. 밴드, 오케스트라, 코러스를 구별할 수 있고 언어로 음악의 차이점과 유사점을 설명할 수 있다. 적극적 감상자가 되는 동시에 들으려는 욕구가 증가한다. 매우 간단한 멜로디를 듣고 음정의 흐름을 인식할 수 있으며 다양한 종류의 음악을 듣고 그 느낌을 표현하기 시작한다. 음악을 듣고 극화하는데 많은 흥미를 보이며 화음을 인지할 수 있다(김인실, 2003; 이옥주 외, 2015; 이춘자 외, 2013; 하정희 외 2010).

2) 음악 감상 지도 시 고려점

Miller는 음악 감상 유형을 수동적 감상, 감각적 감상, 지각적 감상으로 나누었다. 수동적 감상은 들려오는 음악을 그대로 받아들이는 것이고, 감각적 감상은 음악의 미묘한 아름다움과 즐거움을 맛보는 감상활동이며, 지각적 감상은 주의력 집중과 음악진행에 대한 예리한 판단력을 요구하는 지적인 청취로 음악의 구성적인 내용을 객관적으로 파악하는 감상법이다(양일용 역, 1994).

유아를 대상으로 하는 음악 감상 곡은 1분에서 1분 30초 정도의 짧고 간결한 곡이 적당하고 감상 곡목 선정의 기준과 음악 감상 후 음악에 대한 느낌을 나타낼 수 있는 방법은 다음과 같다(김정화, 2000; 석문주, 1996; 장자영, 2005; 전인옥 · 이숙희, 1997; 주창길, 1988; Mursell, 1965).

- 유아들이 감상할 곡의 선정은 장기적인 계획 아래 체계적으로 이루어져야 한다.
- 음악의 아름다운 예술성을 느끼며 상상력을 자극할 수 있도록 음악선율의 변화가 있는 곡을 선정한다.
- 유아기에는 모든 형태의 음악에 개방되어 있으므로 다양한 형태와 시대, 레벨의 음악을 선정하여 음악 감상을 할 수 있도록 해 줌으로써 유아 자신의 음악에 대한 향유능력을 알아 낼 수 있게 한다.
- 유아의 흥미를 지속시키기 위해서는 대비가 분명하고 박자와 리듬이 명확하며, 강약의 대비가 있는 곡을 선택한다. 즉, 빠른 곡과 느린 곡, 웅장한 곡과 부드러운 곡, 무거운 느낌의 곡과 경쾌한 곡, 높은 소리의 곡

과 낮은 소리의 곡, 음색이 다른 두 악기의 연주곡, 성악곡과 기악곡 같은 것을 감상 곡으로 선정한다.

- 유아가 흥미를 느끼기에 너무 막연한 곡보다는 연령과 발달 정도에 적합해 자연스럽게 상상하며 이야기에 관련되거나 유아의 경험에 의한 연상과 상상을 가능하게 하는 곡을 선정한다.
- 유아들은 음악 색채가 뚜렷한 곡들과 행진곡, 율동음악과 같은 리듬감 있는 곡, 길이가 짧은 곡을 좋아하기 때문에 1분~1분 30초가 적당하며 최대 3분을 넘지 않는 짧은 곡을 선정한다. 교향곡 같은 큰 규모의 곡을 들려줄 때는 주제음악만 편집하여 들려주는 것이 좋다.
- 음악의 느낌을 그림으로 그리기, 음악을 듣고 이야기해 보기, 음악의 느낌을 동작으로 나타내기 등 여러 가지 방법을 이용하여 유아가 흥미롭게 음악 감상을 할 수 있도록 한다.
- 그림 표현을 통한 음악 감상에서 유아는 음악을 들으면서 그 음악이 나타내는 선율적이고 리듬적인 특징에 의해 어떠한 사물을 연상할 수 있고, 음악과 결부된 느낌을 자유롭고 창의적인 그림으로 표현할 수 있다. 종이의 다양한 규격과 다양한 색깔, 다양한 재료(연필, 색연필, 크레파스 등), 다양한 표현방법(핑거페인팅, 추상화, 크로타쥬 등) 등으로 새로움을 시도하면서 음악을 듣고 그림으로 표출하게 한다.
- 음악 감상을 통해 유아가 언어로 표현하기 위해서 유아는 음악을 들은 후 이야기 나누기를 하게 하거나 음악에 대한 자신들의 생각을 느낌이나 언어로써 표현하게 한다. 음악을 들은 후 그 음악에 대하여 서로 이야기 나누면서 언어로서의 표현을 유도하고 음악의 배경을 이야기로 들려주는 것은 유아가 음악을 언어로 표현하는 것에 도움이 된다. 유아들

스스로 음악을 듣고 음악에 대한 느낌이나 성격 등 상상되는 바를 말로써 표현하도록 한다.

- 신체표현을 통한 유아의 음악적 감상활동은 유아가 음악 감상 후 유아가 속한 공간을 자유롭게 표현하도록 하고 음 개념 습득을 신체를 통하여 다양하게 경험할 수 있다. 곡이 느껴지는 대로 음악의 흐름에 따라 몸을 움직이게 하는 것이다. 곡의 빠르기나 성격을 서로 다르게 하여 여러 곡을 메들리 식으로 들려주면 효과적이다. 흉내 내기 곡을 들려주어 사물의 대상을 연상하여 창조적인 흉내 내기로 표현할 수 있도록 한다. 사전에 충분히 지정된 사물의 특징을 관찰하고 이야기를 나눈 후에 흉내 내기 표현을 하도록 도와준다. 음악을 듣고 음악리듬에 신체리듬을 맞추어 창의적인 신체표현을 할 수 있는 리듬감 있는 곳을 선정하여 음악적 표현활동을 유도하고 음직임의 특징을 표현할 수 있도록 한다.
- 극적표현을 통한 유아의 음악적 감상활동은 유아가 음악을 들은 후에 상상되는 바를 유아와 교사가 함께 이야기를 나누고 이를 정리하여 한 편의 동화처럼 만들어서 연극을 해 보는 것이다. 유아들의 수준에 맞도록 극의 길이가 5~10분 정도로 짧은 것이 좋고 대사가 쉬워야 하며 유아들이 좋아하는 사건이 전개되어야 한다.

PART 2

유아교사의 현장 수업능력을 위한

유아음악교육 수업계획안 작성법

Chapter 1

새노래 지도 수업을 위한 수업계획안 작성의 실제

1. 새노래 지도 활동절차 계획 시 고려점

새노래 지도 수업계획안을 적성하기에 앞서 새노래 지도 시 요구되는 활동절차를 먼저 살펴보고자 한다. 새노래 지도 시 요구되는 활동절차에는 도입, 전개, 마무리가 해당된다. 이에 대한 구체적인 내용은 다음과 같다.

1) 도입

유아를 대상으로 새노래 지도를 위한 활동절차 중 도입 부분에서는 유아의 주의집중 및 동기부여를 어떻게 할 것인지에 대한 고려가 필요하다. 새노래 지도 시 유아의 동기부여를 위해서 교사는 많은 아이디어를 고안할 수 있다. 새노래 지도 시 일반적으로 노래에 나오는 가사나 노래 속에서 묘사되는 상황 등을 참고하여 시각이나 청각적 감각을 자극하는 유형의 수수께끼, 다양한 유형의 간략한 동화, 숨은 그림 찾기, 부분그림 보고 알아맞히기 등과 같은 동기부여 교수자료를 제작하여 유아의 주의를 집중시키고 동기를 부여한다. 새노래 지도에서 동기부여는 유아가 새로운 노래를 접하게 됨으로써 오는 긴장감을 해소함과 동시에 앞으로 진행될 노랫말에 대한 내용을 예상할 수 있는 계기가 된다.

2) 전개

새노래 지도 시 전개 부분에서는 많은 내용들이 고려되어야 한다. 교사의 주도하에 노래를 지도한다는 것은 유아에게 새로운 노래를 접하게 하는 기회가 된다. 그러므로 추상적으로 교수에 접근하기보다는 유아의 발달 특성을 고려하여 구체적인 자료를 활용한 교수방법으로 접근하여야 한다. 특히 새노래 지도에서는 노래의 가사가 유아들에게 전달되어야 하는데, 이때 교사는 가사를 추상화된 기호나 글자로 제시하기보다는 유아의 흥미와 이해도를 고려하여 그림이나 구체적인 사물 등을 활용하여 가사를 제시하여야 한다. 이와 동시에 고려할 것은 구체적인 가사가 제시되기 전에 가사에 대한 유아의 이해도를 높이기 위한 교사의 아이디어가 고안되어야 한다.

유아를 대상으로 하는 새노래 지도에서 가사에 대한 이해도를 고려하는 만큼 노래를 담고 있는 선율에 대한 이해도를 고려하는 것도 중요한 사항이다. 이를 위해 교사는 유아들에게 노래를 정확한 음정으로 불러서 들려준다든지, 유아가 선율을 자연스럽게 이해할 수 있는 아이디어를 고안하여야 한다. 교사의 구체적인 계획 아래에 이루어지는 대집단 유형의 새노래 지도에서는 유아들이 다양한 방법으로 노래를 부를 수 있는 경험이 제공되어야 하며 노래 속에 포함된 음악적 개념을 노래를 통해 자연스럽게 경험할 수 있는 기회 또한 제공되어야 한다.

이와 같은 점들을 고려하여 대집단 형태의 노래 지도를 위해 전개 부분에서 이루어지는 교수법에 대한 자세한 절차와 순서는 다음과 같다.

첫째, 교사는 유아에게 노래의 가사 전문을 제시하기 전에 유아가 가사에 대한 내용을 접할 수 있는 기회를 제공한다. 이를 위해 활용할 수 있는 방법은 노래의 내용에 나오는 가사를 고려하여 동시, 이야기 나누기, 동화 스타일 등의 방법 중 가장 효과적인 접근이 무엇인지를 고려하여 전체적인 노래의 내용을 유아에게 소개하는 것이다.

둘째, 교사는 유아에게 새노래의 가사 전문을 제시한 자료를 보여준다. 앞에서도 설명하였듯이 교사는 유아의 발달 특성을 고려하여 유아에게 가사를 제시할 때 추상적인 기호나 글자로 제시하지 않고 가사에 맞는 그림이나 구체적인 상징들을 적절하게 사용하여 유아가 흥미를 가지고 가사에 자연스럽게 접근할 수 있게 한다.

셋째, 교사는 유아에게 노래의 가사를 전달한 후 정확한 음정과 박자로 노래를 범창한다. 이때 피아노 반주가 너무 크거나 반주의 스타일을 화려하게 하지 않게 하여 교사의 목소리에서 나오는 선율이 적절하게 들리도록 해야 한다. 또한 반주 없이 교사가 노래를 부르는 것도 유아에게 새노래를 들려주는 좋은 방법이다.

넷째, 교사의 범창이 끝난 후 교사는 노래를 부르지 않고 피아노 또는 선율 악기 등을 이용하여 노래의 선율을 들려준다. 이때 유아가 노래의 선율을 잘 들을 수 있도록 하기 위해 피아노 같은 경우 반주를 하지 않고 정확한 박자와 리듬감을 고려하여 단음으로 들려 주는 것이 좋다. 또한 이러한 선율은 노래를 대집단 유형으로 활동하기 이전부터 음률 영역 등에 음원을 들을 수 있도록 하여 유아가 새롭게 배울 노래의 선율에 익숙해지도록 할 수 있다.

다섯째, 유아는 노래의 선율을 직접적으로 경험하기 위해 한 가지 음절을 이용하여 노래에 포함된 선율을 경험할 수 있다. 예를 들면, 라, 룰, 마 등과 같은 한 가지 음절을 이용할 수 있다. 이때 어떤 음절을 활용할 것인지 유아와 함께 정하면 유아의 흥미를 유지하며 유아가 선율을 익힐 수 있는 좋은 기회가 된다.

여섯째, 유아는 위의 첫 번째부터 다섯 번째의 절차를 거치면서 어느 정도 노래의 가사와 선율을 이해할 수 있게 된다. 교사는 유아가 반주에 맞추어 전체적으로 노래를 부를 수 있도록 한다.

일곱째, 음악적 요소에 대해서 알아본다. 교사는 유아를 위해 선곡된 노래 속에 포함되어 있는 음악적 요소를 파악하여야 한다. 일반적으로 노래 속에는 여러 가지의 음악적 요소가 포함되어 있다. 교사는 노래 지도 수업을 위해 선곡된 노래 속에 포함되어 있는 여러 가지 음악적 요소를 유아들에게 경험시킬 수 있고 또는 선곡된 노래에 포함된 특정한 음악적 요소 한 가지를 유아들에게 경험시킬 수도 있다. 노래 지도를 위해 선곡된 노래에서 유아들이 경험할 수 있는 음악적 요소는 유아의 흥미와 발달에 적합한 구체적이고 적합한 교수자료가 활용되어야 한다. 선곡된 노래에 포함된 음악적 요소에 대한 접근은 노래 속에 의존해서 찾게 하기보다는 노래와는 독립적으로 하는 것이 좋다. 예컨대, 선곡된 노래의 특정 선율이 도약하는 음을 갖고 있어 이에 대한 음악적 요소를 경험하기에 좋다고 판단되었을 때 유아에게 선곡된 노래의 해당 선율 부분을 제시하기보다는 선율이라는 것이 무엇인지에 대한 개념을 먼저 이해시키는 것이 좋다.

여덟째, 음악적 요소를 교사가 준비한 적절한 자료가 활용되어 유아들이 이해하는 경험을 했다면 다음으로 음악적 요소를 실제적으로 이해할 수 있는 것과 관련된 활동을 해본다. 예를 들어 높은 음과 낮은 음으로 도약하는 선율에 대한 개념에 대한 이야기 나누기가 끝난 후에 도약하는 선율을 교사가 피아노로 들려주면 이에 따라 유아가 자신의 신체를 움직여 음의 높고 낮음을 표현할 수 있다.

아홉째, 앞서 설명에서도 제시하였듯이 선곡된 노래에 포함된 음악적 요소를 유아들에게 경험시키기 위해서는 선곡된 노래에 포함된 음악적 요소를 경험하게 하는 접근보다는 노래와는 독립하여 선곡된 노래에 포함되어 있는 음악적 요소를 경험하는 것이 유아가 음악적 개념을 이해하는 데 더 효과적이다. 그러므로 유아들이 선곡된 노래의 음악적 요소가 경험되었다면 다음 단계로는 선곡된 노래에서 음악적 요소를 경험시키는 것이다. 예컨대, 선곡된 노래에서 도약하는 부분을 유아들에게 제시하여 도약하는 음이 선곡된 노래의 어떤 부분에서 나타나는지를 경험하기 위해서 선곡된 노래에 음악적 요소를 포함시켜서 노래를 불러 보며 유아들과 함께 앞서 살펴본 도약하는 음이 선곡된 노래에서는 어떻게 표현되어 있는지를 경험하게 한다. 이때 교사는 선곡된 노래에 음악적 요소를 시각적으로 표현된 교수자료를 활용하여 유아의 발달에 적합하게 유아의 선곡된 노래에 포함된 음악적 요소에 대한 이해를 돕는다.

열째, 첫 번째에서 아홉 번째까지의 수업절차를 거쳤다면 마지막 열 번째로 유아가 선곡된 노래를 다양한 방법으로 부르는 것이다. 다양한 방법으로 노래 부르기에는 노래에 맞는 간단한 동작을 창작하여 부른다던지, 가사를 바꾸어 부른다던지, 모둠별로 부른다던지, 교사와 유아가 노래를 나누어 불러 보는 등 다양한 방법이 있다.

3) 마무리

도입과 전개과정이 모두 끝나면 마무리 단계에서 유아는 노래를 불러본 후 느낀 점에 대하여 이야기 나누는 시간을 갖게 된다. 이때 교사는 유아가 새로운 노래를 부르고 노래를 통해 음악적 개념을 경험하는 과정을 통해 유아 자신의 경험에 대한 만족도를 파악할 수 있고 어렵게 느꼈던 경험에 대해서도 이야기할 수 있는 기회를 갖게 한다.

2. 새노래 지도 수업계획안 작성방법

새노래 지도를 위한 수업 실행을 위해서는 수업계획안을 작성해야 한다. 새노래 지도를 위한 수업계획안 작성 시 고려할 점은 선곡된 노래와 생활주제, 주제, 소주제와의 연계성, 대상연령, 음악적 요소, 교육과정 관련요소, 새노래 지도 시 요구되는 교수자료이다. 이러한 부분을 고려하여 실제 작성한 새노래 지도 수업계획안과 수업계획안에 제시된 항목들이 무엇을 의미하는지 자세하게 살펴보면 다음과 같다.

ⓐ **생활주제**

선곡된 노래의 내용이 생활주제와 연계되어야 한다. 제시된 수업계획안 예시에서는 노래 '간다 간다'(김성균 작사 · 작곡)의 노래내용이 생활주제인 '교통기관'과 연계되어 있다.

ⓑ **주제**

선곡된 노래의 내용이 주제와 연계된다. 제시된 수업계획안 예시에서는 노래 '간다 간다'(김성균 작사 · 작곡)의 노래내용이 주제인 '교통기관의 종류'와 연계되어 있으며 생활주제인 '교통기관'과 연계되어 있다.

ⓒ **소주제**

선곡된 노래의 내용이 소주제와 연계된다. 제시된 수업계획안 예시에서는 노래 '간다 간다'(김성균 작사 · 작곡)의 노래내용이 소주제인 '육상 · 해상 · 항공 교통기관에 대해 알아 보아요'와 연계되어 있으며 이러한 소주제는 주제인 '교통기관의 종류'와 생활주제인 '교통기관'이 연계되어 있다.

ⓓ **활동명**

노래 지도를 위한 활동명으로 제시된다. 제시된 수업계획안 예시에서는 노래 제목을 활용하여 활동명으로 제시되었다.

ⓔ **활동유형**

새 노래를 지도하는 것으로서 '새노래'로 제시되었다.

ⓕ **주 음악적 개념**

선곡한 노래에서 유아가 경험할 수 있는 음악적 개념을 파악하여 제시한다.

ⓖ **대상연령**

노래 지도의 대상 유아의 연령을 제시한다.

ⓗ **집단형태**

노래 지도 시 집단의 형태가 소집단인지 대집단인지 제시한다. 제시된 수업계획안 예시에서는 대집단 형태로 노래 지도가 이루어지는 것으로 집단형태를 대집단으로 제시하였다.

ⓘ **대형**

노래 지도 수업 시 유아가 어떠한 대형으로 교사를 바라보고 있는지에 대한 모양을 의미한다. 대형에는 반원형, 원형, 일자형이 있을 수 있다.

ⓙ **예상 소요 시간**

노래 지도 수업에 소요되는 총 시간을 제시한다. 일반적으로 유아의 집중시간을 고려하여 20분에서 30분 소요된다.

ⓚ **교육목표**

노래 지도 시 관련되는 교육과정 관련 요소를 분석하여 교육목표를 제시한다.

ⓛ **교육과정 관련 요소**

선정한 노래 지도 시 관련되는 교육과정 관련 요소를 분석하여 제시한다. 예술경험 영역 이외의 관련성을 파악하여 제시한다.

ⓜ **활동자료**

노래 지도 시 필요한 교수자료 및 수업 활동자료를 제시한다. 교수자료는 교사가 수업에 필요한 교수매체를 미하며 수업 활동자료는 유아가 수업 시 활용하게 되는 자료를 의미한다.

ⓝ **사전활동**

노래 지도에 대한 수업과 연계된 활동을 노래 지도 수업 이전에 유아가 경험한 활동을 제시한다.

ⓞ **활동절차**

활동절차에는 노래 지도 수업의 ⓠ 도입, ⓡ 전개, ⓢ 평가 및 마무리가 포함되며 ⓠ 도입에는 전개활동과 연계된 내용의 동기부여 활동이 제시되어야 하며 ⓡ 전개는 노랫말에 대한 이야기 나누기(동시, 이야기 나누기, 동화 스타일 활용), 노랫말 익기기, 교사의 노래 범창, 피아노로 선율 들려주기, 한 가지 말로(아, 이, 룰 등) 선율 불러 보기, 다같이 노래 전곡 불러보기, 음악적 요소 알아보기, 음악적 요소와 관련된 활동하기, 음악적 요소 포함시켜 노래 불러보기, 다양한 방법으로 노래 불러보기가 순서적으로 제시된다. ⓢ 평가 및 마무리에는 노래 부르기 활동을 마친 후 유아의 느낌이나 생각에 대한 이야기를 나누는 내용이 제시된다.

ⓟ **자료 및 유의점**

수업계획안에 제시된 활동자료가 교사의 발문과 유아의 기대되는 반응에 해당하는 부분에 따라 다시 세부적으로 제시된다. 자료의 제시뿐만 아니라 수업 진행 시 유의점이 있으면 이를 제시한다.

ⓣ 추후지도 및 연계활동

노래 지도 수업 후 연계되는 활동을 제시한다.

ⓤ 악보

선정된 노래의 악보를 제시한다.

새노래 지도 수업계획안

ⓐ 생활주제	교통기관	ⓑ 주제	교통기관의 종류	ⓒ 소주제	육상 · 해상 · 항공 교통기관에 대해 알아보아요	ⓓ 활동명	'간다간다'를 불러보아요
ⓔ 활동유형	새노래 부르기			ⓕ 주 음악적 개념	빠르기	ⓖ 대상연령	만 5세
ⓗ 집단형태	대집단			ⓘ 대형	원형	ⓙ 예상 소요 시간	25분
ⓚ 교육목표	• 각 교통기관의 빠르기에 대해 인지하고 다른 속도로 부르며 빠르기를 경험한다. • 각 교통기관의 모습을 몸의 움직임으로 흉내 내며 '간다간다 '노래를 부른다.						
ⓛ 교육과정 관련요소	• 예술경험〉 아름다움 찾아보기〉 음악적 요소 탐색하기(빠르기)〉 다양한 소리, 음악의 셈여림, 빠르기, 리듬 등에 관심을 갖는다. • 예술경험〉 예술적 표현하기〉 음악으로 표현하기〉 노래로 자신의 생각과 느낌을 표현한다. • 신체운동건강〉 신체조절과 기본운동하기〉 신체조절하기〉 공간, 힘, 시간 등의 움직임 요소를 활용하여 움직인다.						

<table>
<tr>
<td>ⓜ
활동
자료</td>
<td>

1. **교수자료**

① 도입 활동 자료
바퀴가 없는 교통기관이 부착된 융판, 바퀴

② 전개 활동 자료
'두 개의 바퀴그림' '네 개의 바퀴그림' '아주 많아요' 면으로 구성된 주사위

노래 '간다간다'노랫말 판

</td>
</tr>
</table>

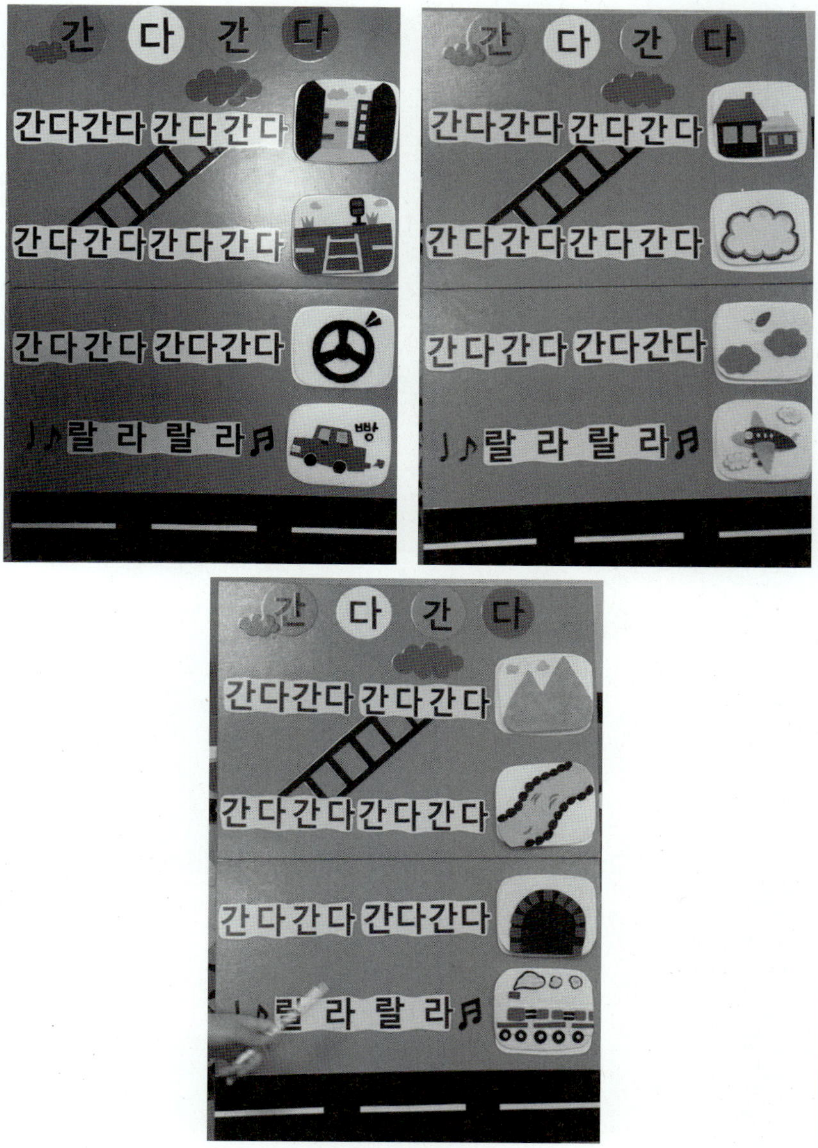

노래 '간다간다' 중 1절(자동차)　노래 '간다간다' 중 2절(비행기)　노래 '간다간다' 중 3절(기차)

	'빠르기' 개념판
	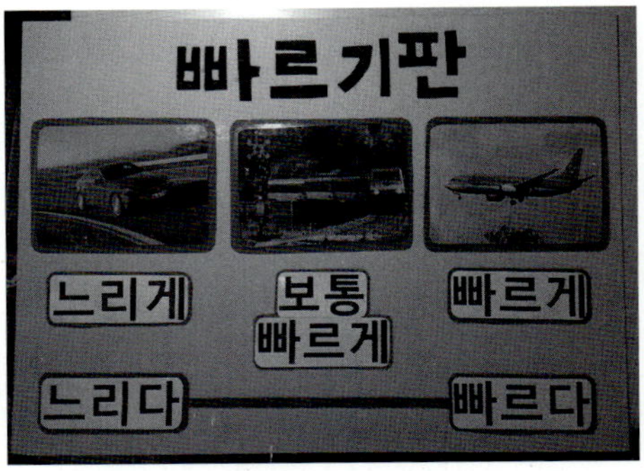
	신호등 지시봉
	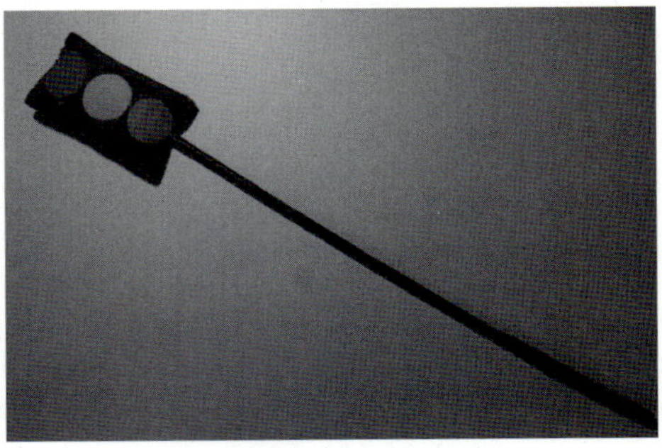
	탈부착 가능한 빈 종이 4장과 검정색 펜
	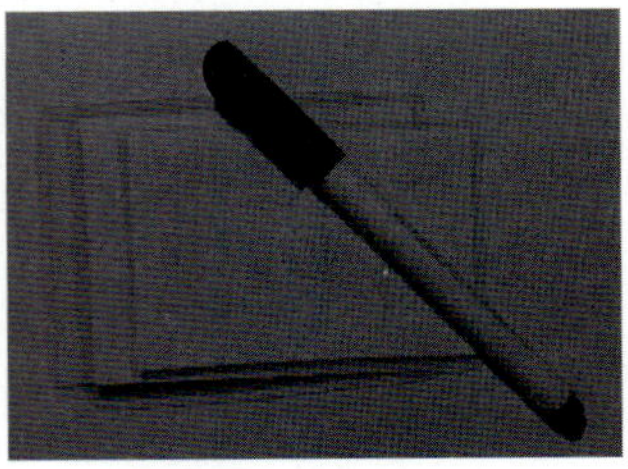
	피아노

ⓝ 사전 활동	• 육상 · 해상 · 항공 교통기관 책 만들기 활동을 한다.		
ⓞ 활동 절차	활동과정		ⓟ 자료및 유의점
	교사의 발문	기대되는 유아의 반응	
ⓠ 도입	① 바퀴가 없는 여러 가지 교통기관(비행기, 기차, 배, 자동차, 배)에 '바퀴붙이기'를 하며 교통기관에 대한 흥미를 유발시킨다.		• 바퀴가 없는 교통기관이 부착된 융판동화, 작은바퀴 모형 
	T: (바퀴가 떼어진 비행기, 배, 기차, 자동차가 있는 융판을 보여주며) 친구들 무엇이 보이나요?	C1: 바퀴요! C2: 글씨요!	
	T: 바퀴와 글씨가 있지요. 그런데 비행기가 슝~ 하늘을 날고, 기차가 칙칙폭폭 가기에 문제가 있지 않나요? 어떤 문제가 있지요?	C: 바퀴가 없어요!	
	T: 바퀴가 없지요. ○○반 친구들이 앞에 나와서 바퀴를 붙여주도록 할까요? 바퀴 붙이기를 하고 싶은 친구 있나요?	C: 저요!	
	T: ♡♡이는 어떤 교통기관에 바퀴를 붙여주고 싶나요?	C: 비행기요!	
	T: 비행기는 몇 개의 바퀴가 있지요?	C: 아주 많아요!	
	T: 비행기는 바퀴의 개수가 아주 많지요. 비행기는 바퀴의 개수가 아주 많으니 여섯 개의 바퀴를 붙여주도록 해요.	C: 네! (비행기의 바퀴 수에 맞게 여섯 개의 바퀴를 붙인다.) C: 기차요!	

	T: 잘해주었어요. 들어가 주세요. ♤♤이는 어떤 교통기관에 바퀴를 붙여주고 싶나요?		
	T: 기차는 몇 개의 바퀴가 있지요?	C: 아주 많아요!	
	T: 기차도 바퀴의 개수가 아주 많지요. 여덟 개의 바퀴를 붙여주도록 해요.	C: 네! (기차의 바퀴 수에 맞게 바퀴를 여덟 개의 바퀴를 붙인다.)	
	T: 잘해주었어요. 들어가 주세요. □□이는 어떤 교통기관에 바퀴를 붙여주고 싶나요?	C: 배요!	
	T: 배는 스크루라는 것이 있기 때문에 바퀴가 없어도 움직일 수 있어요. 다른 교통기관에 바퀴를 붙여주도록 해요. 어떤 교통기관에 바퀴를 붙여주고 싶나요?	C: 자동차요!	
	T: 자동차는 몇 개의 바퀴가 있지요?	C: 네 개요!	
	T: 자동차는 4개의 바퀴를 가지고 있지요. 네 개의 바퀴를 붙여주도록 해요.	C: 네! (자동차의 바퀴 수에 맞게 네 개의 바퀴를 붙인다.)	
	T: 잘해주었어요. 들어가 주세요. ☆☆이는 어떤 교통기관에 바퀴를 붙여주고 싶나요?	C: 자전거요!	
	T: 두발 자전거는 몇 개의 바퀴를 가지고 있지요?	C: 두 개요!	
	T: 두발 자전거는 두 개의 바퀴를 가지고 있지요. 2개의 바퀴를 붙여주도록 해요.	C: 네!(자전거의 바퀴 수에 맞게 두 개의 바퀴를 붙인다.)	
	T: 잘해주었어요. 들어가 주세요. 친구들 덕분에 비행기가		

	하늘을 슝~ 날고 자동차가 부릉부릉 움직이고, 기차가 칙칙폭폭 움직이고, 자전거가 따릉따릉 움직이고, 배가 첨벙첨벙 움직일 수 있게 되었어요.		
ⓡ 전개 (20분)	① 바퀴 그림 주사위를 던져서 나온 개수 만큼의 바퀴를 가지고 있는 교통기관과 관련된 경험을 이야기 나눈다.		• '두 개의 바퀴 그림' '네 개의 바퀴그림' '아주 많아요.' 면으로 구성된 주사위 
	T: 이번에는 선생님과 함께 내가 이용한 교통기관에 대해 이야기 나누기를 할 거에요. 선생님이 더 재미있게 하기 위해 주사위를 준비했어요. 주사위에 무엇이 있지요?	C1: 바퀴요! C2: 글씨요!	
	T: 바퀴와 글씨가 있지요. 바퀴의 개수로 주사위의 수를 표현했어요. 바퀴 두 개, 바퀴 네 개, '아주 많아요' 글씨가 있는데, 바퀴 두 개가 나오면 자전거, 바퀴 네 개가 나오면 자동차, '아주 많아요' 글씨가 나오면 비행기, 기차, 지하철, 큰 트럭과 관련된 경험을 이야기 하도록 해요. 처음에는 선생님이 주사위를 굴려 볼게요. (주사위를 굴린 뒤) 바퀴 두 개가 나왔네요! 바퀴가 두 개인 교통기관에는 무엇이 있을까요?	C: 자전거요!	
	T: 바퀴가 두 개인 교통기관에는 자전거가 있지요. 자전거와 관련된 경험을 이야기 해볼 친구 있나요?	C1: 저요! 형이랑 주말에 자전거 탔어요! 저 원래는 세 발 자전거 탔는데 이제 두 발 자전거 탈 수 있어요.	

	T: 우와~ ♡♡이는 이제 두 발 자전거를 탈 수 있구나. 잘 말해 주었어요. 이번엔 ♡♡이가 나와서 주사위를 굴려 보도록 해요! (주사위를 굴린 뒤) '아주 많아요.'가 나왔네요. 바퀴 개수가 아주 많은 교통기관은 무엇이 있지요?	C1: 비행기요! C2: 기차요!	
	T: 비행기도 있고, 기차도 있지요. 비행기와 관련된 경험을 이야기 해볼 친구 있나요?	C: 저요! 지난번에 가족들이랑 비행기타고 제주도에 다녀왔어요! 가서 바다도 봤어요.	
	T: 비행기를 타고 제주도에 갔다 왔구나. 잘 말해 주었어요. 자리에 앉아주세요. 그 다음 기차와 관련된 경험을 이야기 해볼 친구 있나요?	C: 저요! 저번에 우리반 다 같이 기차 타고 소풍 갔잖아요. 그때 기관사 아저씨도 봤어요!	
	T: 우리반 다같이 기차 타고 소풍을 갔다 왔지요. 잘 말해 주었어요. 이번에는 □□이가 주사위를 굴려보도록 해요. (주사위를 굴린 뒤) 네 개가 나왔네요. 바퀴 개수가 네 개인 교통기관에는 무엇이 있나요?	C1: 자동차요! C2: 트럭이요!	
	T: 트럭, 승용차 등의 자동차가 있지요. 자동차와 관련된 경험을 이야기 해볼 친구 있나요?	C1: 저요! 아침에 아빠 차 타고 왔는데 바퀴 네 개에요.	
	T: 아빠 차를 타고 유치원에 왔구나. 잘 말해 주었어요.		

	② 노래 '간다간다'의 노랫말 판을 보여주며 노랫말을 익힌다.		• 노래 '간다간다' 노랫말 판
	T: 이번에는 방금 친구들과 이야기 나눈 자동차, 기차, 비행기가 나오는 노래를 배워 볼 거에요. 선생님이 노랫말을 읽어 줄 건데 이렇게 그림으로 표현한 것도 있어요. 자동차, 기차, 비행기 노랫말 모두 읽어줄게요. 잘 들어 보아요.	C: 네.	
	③ 교사가 노래 '간다간다'를 범창한다.		• 신호등 지시봉 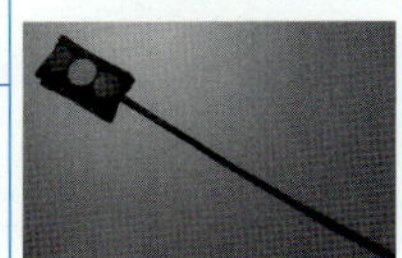
	T: 이번에는 선생님이 노래 '간다간다'를 불러보도록 할거에요. 그런데 지금은 자동차 노랫말만 하고 기차, 비행기 노랫말은 빠르기에 대해 배운 뒤 불러보도록 할게요. 잘 들을 수 있지요?(교사 혼자서 노래 '간다간다'를 부른다.)	C: 네!	• 피아노
	④ 교사가 피아노로 노래 '간다간다'의 멜로디를 들려준다.		
	T: 잘 들어 보았나요? 이번에는 피아노로 노래 '간다간다'를 들려 줄 거에요. 잘 들어 보아요.(피아노로 노래 '간다간다'를 연주한다.)	C: 네!	
	⑤ 한 가지 음절 '라'로 노래 '간다간다'를 불러본다.		
	T: 이번에는 '라'라는 말만 사용하여 다같이 노래 '간다간다'를 불러 보도록 해요. 준비되었나요? 시~작!(한 가지 소리로만 노래 '간다간다'를 불러본다.)	C: 네.	

	⑥ 노래 '간다간다'를 다같이 불러본다.		
	T: 이번에는 노랫말을 넣어서 다같이 불러보도록 해요. 준비되었나요? 시~작!(반주에 맞추어 교사와 유아가 함께 노래를 불러본다.)	C: 네.	
	⑦ 음악의 빠르기말과 자동차, 기차, 비행기 그림카드를 짝지으며 '빠르기' 개념에 대해 알아본다.		·'빠르기' 개념판 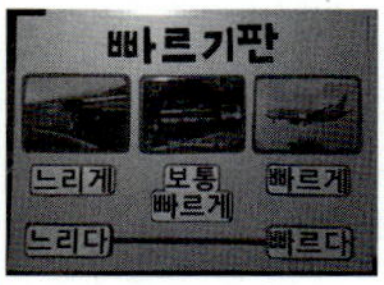 ·신호등 지시봉 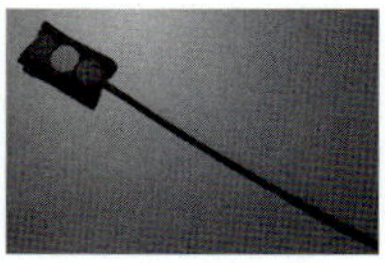
	T: (비행기, 기차, 자동차 그림카드를 보여주며) 이번에는 자동차, 기차, 비행기의 빠르기를 비교해 보도록 할게요. 자동차와 기차 중에 누가 더 빠르지요?	C: 기차요!	
	T: ('빠르기' 개념판에 자동차 그림카드를 '느리다'쪽에 , 기차 그림카드를 '빠르다'쪽에 붙이며) 기차가 더 빠르지요. 자동차는 느리다 쪽에 기차는 빠르다 쪽에 가깝게 붙이도록 할게요. 기차와 비행기 중에 누가 더 빠르지요?	C: 비행기요!	
	T: (기차 그림카드를 '느리다'쪽에, 비행기 그림카드를 '빠르다'쪽에 붙이며) 비행기가 더 빠르지요. 기차는 느리다 쪽에 비행기는 빠르다 쪽에 가깝게 붙이도록 할게요. 그러면 자동차, 기차, 비행기 순으로 빠르겠지요.	C: 네.	
	T: 친구들은 어떤 것이 더 느리고 어떤 것이 더 빠른지에 대해 잘 알고 있네요. 이는 음	C: 네.	

	악에서도 찾아볼 수 있는데 음악에서는 이를 빠르기라고 해요. 음악에서 사용되는 빠르기말에는 느리게, 보통빠르게, 빠르게가 있는데 느리게, 보통빠르게, 빠르게 순으로 빠르기가 빨라져요. 그러면 교통기관과 짝을 지어보면 느리게는 (자동차)와 보통빠르게는 (기차)와 빠르게는 (비행기)와 짝을 지어볼 수 있겠지요.		
	⑧ 자동차, 기차, 비행기별로 팔의 속도를 다르게 움직이며 '빠르기'를 경험한다.		·'빠르기' 개념판 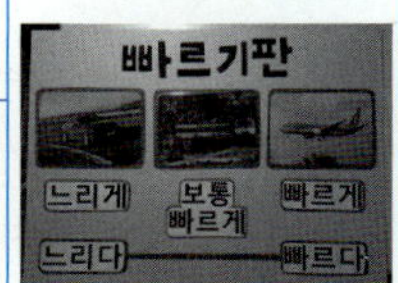
	T: (팔을 움직이며) 지금부터 자동차, 기차, 비행기의 빠르기를 비교하며 팔을 움직여 볼게요.	C: 네.	
	T: 선생님이 "자동차, 느리게!" 라고 말하면 팔을 가장 느리게, "기차, 보통빠르게!"라고 말하면 조금 더 빠르게, "비행기, 빠르게!"라고 말하면 가장 빠르게 움직여 보도록 해요.	C: 네.	
	T: 자동차, 느리게!	C: (팔을 가장 느리게 움직인다.)	
	T: 기차, 보통빠르게!	C: (팔을 조금 더 빠르게 움직인다.)	
	T: 비행기, 빠르게!	C: (팔을 가장 빠르게 움직인다.)	
	T: 다시, 기차, 보통빠르게!	C: (팔을 조금 더 느리게 움직인다.)	

	T: 모두 멋지게 잘 움직여 주었어요.		
	⑨ 노래 '간다간다'를 각 교통기관별로 다른 빠르기로 불러 보도록 한다.		· 노래 '간다간다' 노랫말 판 
	T: 이번에는 빠르기를 비교하며 '간다간다'노래를 불러보도록 할건데 선생님이 노랫말을 읽어줄 때 자동차노랫말, 기차노랫말, 비행기노랫말이 있었지요. 가장 느리게 불러야 하는 노랫말은 무엇일까요?	C: 자동차 노랫말이요!	
	T: 자동차 노랫말 보다 조금 더 빠르게 불러야 하는 노랫말은 무엇일까요?	C: 기차 노랫말이요!	
	T: 가장 빠르게 불러야 하는 노랫말은 무엇일까요?	C: 비행기 노랫말이요!	
	T: 자동차, 기차, 비행기 노랫말 순으로 점점 빠르게 불러보도록 해요. 먼저 자동차 노랫말을 불러보도록 해요. 가장 느리게 부르면 되겠지요. (자동차가 있는 절인 노래 '간다간다'의 1절을 노랫말 판에 모두 붙인다.)	C: (가장 느린 속도로 자동차가 있는 절인 노래 '간다간다'의 1절을 부른다.)	
	T: 그 다음은 기차 노랫말을 불러보도록 해요. 조금 더 빠르게 부르면 되겠지요. (기차가 있는 절인 노래 '간다간다'의 3절을 노랫말 판에 모두 붙인다.) (느린 것부터 빠른 것까지 차례대로 불러 혼란을 방지하기 위해 2절이 아닌 3절을 먼저 부른다.)	C: (조금 더 빠른 속도로 기차가 있는 절인 노래 '간다간다'의 3절을 부른다.)	

	T: 마지막으로 비행기 노랫말을 불러보도록 해요. 가장 빠르게 부르면 되겠지요. (비행기가 있는 절인 노래 '간다간다'의 2절을 노랫말 판에 모두 붙인다.)	C: (가장 빠른 속도로 노래 '간다간다'의 2절을 부른다.)	
	⑩ 다양한 방법으로 노래 '간다간다'를 불러 보도록 한다.		탈부착 가능한 빈 종이 4장과 검정색 펜 
	10-1. 노랫말을 만들어서 노래 '간다간다' 부른다.		
	T: 또 다른 교통수단에는 어떤 것들이 있을까요?	C: 배요! 헬리콥터요! 우주선이요! 잠수함이요!	
	T: 여러 가지 교통수단이 있지요. 그 중에 한 가지를 골라서 노래 '간다간다'의 노랫말을 만들어서 불러보도록 해요. 어떤 것이 좋을까요?	C: 배요!	
	T: 그래요. 배를 주제로 노랫말을 바꿔보도록 해요. (종이에 '배'를 적은 뒤 노랫말판의 마지막 마디 자리에 붙인다.) 배에 대해 알고 있는 것들을 이야기해 볼까요?	C1: 배는 바다 위에 있어요. 아주 깊은 바다에도 갈 수 있어요. C2: 배는 항구에도 있어요. C3: 배는 흔들흔들 움직여요. 그리고 첨벙첨벙 소리 내요. C4: 배는 얕은 곳도 갈 수 있어요. C5: 이순신의 거북선도 있어요.	
	T: 그렇지요. 배는 바다에 가면 볼 수 있고 첨벙첨벙 소리도 내지요. 친구들 정말 열심히 얘기해 주었어요. 그렇다면 이제 노랫말을 바꿔보도록 해요. (두 번째, 네 번째, 여	C: 네.	

	섯 번째 마디를 지시봉으로 가리키며)선생님이랑 두 번째, 네 번째, 여섯 번째에 있는 노랫말을 바꿔 볼 거에요.		
	T: (두 번째 마디 변형)간다간다 간다간다, 어디로?	C1: 초록 바다! C2: 파란 바다! C3: 반짝 바다!	
	T: 그래요. 파란바다로 해요. (종이에 '파란바다'를 적은 뒤 노랫말 판의 두 번째 마디 자리에 붙인다.)		
	T: (네 번째 마디 변형)간다간다 간다간다, 또 어디로?	C1: 항구! C2: 땅 끝으로!	
	T: 그래요. 땅 끝으로 해요. (종이에 '땅 끝으로'를 적은 뒤 노랫말 판의 네 번째 마디 자리에 붙인다.)		
	T: (여섯 번째 마디 변형)간다간다간다간다, 어떻게?	C1: 첨벙첨벙! C2: 부우우웅!	
	T: 그래요. '첨벙첨벙'으로 해요. (종이에 '첨벙첨벙'을 적은 뒤 노랫말 판의 여섯 번째 마디 자리에 붙인다.)		
	T: 마지막! 랄라라라, (무언가를 외치는 흉내를 내며 말은 하지 않는다.)	C: 배!	
	T: 그러면 이제 우리가 바꾼 노랫말로 노래 '간다간다'를 불러보아요.	C: (배를 주제로 개사한 노랫말판을 보고 노래 '간다간다'를 부른다.)	
	T: 노랫말을 바꾸어 부르는 것		

	도 아주 멋지게 했어요.		
	10-2. 각 교통기관의 모습을 율동으로 표현하며 노래 '간다간다'를 부른다.		
	T: 이번에는 자신이 생각하는 교통기관의 모습을 율동으로 표현하며 노래를 불러보도록 해요. 먼저 자동차, 기차, 비행기 노랫말 중에 어떤 것으로 해볼까요?	C: 자동차요!	
	T: 자동차 노랫말을 불러보도록 해요. 자동차는 어떻게 움직이지요?	C1: 부릉부릉 (손으로 핸들을 돌리는 흉내를 낸다.) C2: 붕~ (달리기 하는 자세로 팔을 빠르게 움직인다.)	
	T: 자동차는 부릉부릉 움직이기도 하고 붕~ 움직이기도 하지요. 자신이 생각하는 자동차의 모습을 율동으로 표현하며 노래 '간다간다'를 불러보도록 해요.	C: (자동차의 모습을 율동으로 표현하며 노래 '간다간다'의 1절을 부른다.)	
	T: 그 다음에는 자신이 생각하는 비행기의 모습을 율동으로 표현하며 노래 '간다간다'를 불러 보도록 해요.	C: (비행기의 모습을 율동으로 표현하며 노래 '간다간다'의 2절을 부른다.)	
	T: 마지막으로 자신이 생각하는 기차의 모습을 율동으로 표현하며 노래 '간다간다'를 불러 보도록 해요.	C: (기차의 모습을 율동으로 표현하며 노래 '간다간다'의 3절을 부른다.)	
	T: 친구들 모두 멋지게 해주었어요.		

	① 활동을 한 뒤 느낀점을 이야기해 본다.		
	T: 오늘 어떤 활동을 했나요?	C1: 바퀴붙이기를 했어요! C2: '간다간다'노래를 불렀어요! C3: 빠르기를 배웠어요!	
	T: 바퀴 붙이기도 해보고, '간다간다'노래도 불러보고 '빠르기'에 대해서도 배워보았지요. 어떤 기분이 들었나요?	C1: 빨리 부를 때 입이 빠르게 움직이지가 않아서 힘들었어요. C2: 팔을 빠르게 움직이는 게 재미있었어요.	
ⓢ 평가 및 마무리 (3분)	T: 빨리 부르는게 힘들었던 친구도 있고, 팔을 빠르게 움직이는게 재미있었던 친구도 있네요. 오늘 했던 활동 중에 또 해보고 싶은 활동이나, 관련지어 하고 싶은 활동이 있나요?	C1: 노래를 또 부르고 싶어요! C2: 자동차 그리기 하고 싶어요!	
	T: 그렇구나. '간다간다' 노랫말 판은 음률 영역에 놓을 테니 자유선택활동시간에 친구들과 함께 불러 보도록 하고, 미술 영역에서 자동차 그리기를 해보도록 해요. 그리고 다음 시간에는 폐품으로 오늘 배운 교통기관을 만들어 보도록 할거에요. 친구들 오늘 모두 열심히 잘 해주었어요.	C: 네.	

ⓣ 추후 지도 및 연계 활동	• 미술 활동 시간에 폐품으로 교통수단을 만들어 본다.
ⓤ 악보	'간다 간다' 김성균 작사 김성균 작곡

3. 새노래 지도 수업 진행 시 유의점

- 노랫말(가사) 판은 유아들에게 노랫말을 알려주거나 노래를 부를 때 제시한다. 교사가 유아들에게 범창을 하거나 유아와 함께 노래를 부를 때 노랫말 판의 노랫말을 지시봉 같은 것으로 가르키며 노래를 부른다.
- 노래 지도 시 가장 중요한 것은 교사의 목소리이다. 교사의 목소리가 피아노 반주에 묻혀서 잘 들리지 않는다거나 음정 및 박자 그리고 리듬이 부정확해서는 안 된다.
- 노래 지도 시 제시되는 교수매체를 교사의 손바닥이나 손가락으로 가려져 자료가 잘 보이지 않게 하여서는 안 된다. 교수매체마다 필요에 따라 스틱이나 융판 등에 부착할 수 있는 장치를 한다.
- 노래 지도 시 필요한 교수매체를 놓거나 정리할 바구니나 쟁반을 준비하여 노래 활동 수업 진행 시 필요에 따라 자료가 바구니나 쟁반에 정

리될 수 있도록 한다.

- 다양한 방법으로 노래를 부를 때 여아, 남아로 나누는 등의 양성평등에 반하는 나눔은 지양한다.

Chapter 2

악기 연주 지도 수업을 위한 수업계획안 작성의 실제

1. 악기 연주 지도 수업을 위한 활동절차 계획 시 고려점

악기 연주 지도 수업계획안을 작성하기에 앞서 악기 연주 지도 시 요구되는 활동절차를 먼저 살펴보고자 한다. 악기 연주 지도 시 요구되는 활동절차에는 도입, 전개, 마무리가 해당된다. 이에 대한 구체적인 내용은 다음과 같다.

1) 도입

유아를 대상으로 하는 악기 연주 지도를 위한 활동절차 중 도입 부분에서는 유아의 주의집중 및 동기부여를 어떻게 할 것인지에 대한 고려가 필요하다. 악기 연주 지도 시 유아의 동기부여를 위해서 교사는 많은 아이디어를 고안할 수 있다. 전개 부분에서 등장하게 되는 악기에 대해서 그림퍼즐이나 숨은 그림찾기 등의 방법을 활용하는 것이 일반적으로 생각할 수 있는 아이디어이다. 또는 '궁금이 상자'를 이용하거나 악기 소리를 음원으로 들려 주고 악기를 소개하는 방법도 있다. 뿐만 아니라 악기를 캐릭터로 하여 간단한 동화를 들려 준다거나 악기 캐릭터를 활용한 인형을 만들어 도입 부분에서 활용할 수 있다. 악기 연주 지도에서 동기부여는 유아가 새로운 악기를 접하게 됨으로써 오는 긴장감을 해소함과 동시에 앞으로 진행될 악기 연주 수업에 대한 내용을 예상할 수 있는 기회가 된다.

2) 전개

악기 연주 지도 시 전개 부분에서 가장 먼저 고려해야 할 점은 악기를 탐색하는 시간을 갖는다는 것이다. 유아는 교사가 제시한 악기를 처음 접하게 되는 경우 악기 연주하기에 부담을 가질 수도 있으며, 소극적 태도로 악기를 대할 수 있다. 그러므로 교사는 유아가 악기에 대해서 흥미를 갖고 익숙해질 수 있도록 악기의 생김새나 악기에서 나는 소리 등에 대해 탐색할 수 있는 시간을 갖는다. 악기 연주에서 중요한 사항 중 하나는 악기를 올바르게 연주하는 방법이다. 유아에게 소개된 악기의 어떤 부분을 어떻게 치거나 두드리는지 등과 같은 악기 연주법을 이야기 나누고 실제로 악기를 연주해 보는 시간을 가져야 한다. 이때 대집단으로 악기를 연주할 수 있는 기회를 가질 수도 있지만 교사와 몇몇의 유아가 전체 유아에게 시범으로 악기 연주하는 것을 보여준 후 대집단으로 악기를 연주하는 경험을 하게 하는 것도 좋다. 이와 같이 진행하는 방법의 장점은 교사가 악기 연주 수업 진행을 원활하게 하고 악기 연주하기에 대해 거부감이 있는 유아를 자연스럽게 참여하게 할 수 있는 기회도 만들어 줄 수 있기 때문이다. 대집단으로 악기 연주를 할 때는 유아가 노래 또는 음악에 맞추어 어떤 부분을 악기를 가지고 어떻게 연주할 것인가에 대한 부분이 잘 이해할 수 있도록 하여야 한다. 그러므로 교사는 유아가 어떤 악기를 가지고 곡(노래 또는 음악)의 어떤 부분에서 악기를 연주해야 하는지에 대한 구체적인 그림자료(악기 연주판)를 유아에게 제시하여 이야기 나누는 시간을 갖는다. 그리고 악기 연주를 위해 선곡된 노래나 음악 속에 포함된 음악적 개념을 악기 연주를 통해 자연스럽게 경험할 수 있는 기회를 제공하여야 한다.

이와 같은 점들을 고려하여 보았을 때 대집단 형태의 악기 연주 지도를 위해 전개부분에서 이루어지는 교수법의 자세한 절차와 순서는 다음과 같다.

첫째, 교사는 유아가 악기의 생김새와 악기에서 나는 소리가 어떤 것인지 알 수 있는 탐색의 기회를 제공한다. 교사는 준비된 악기를 유아들에게 보여주며 악기의 구조를 설명해 주고 어떻게 하면 악기에서 소리가 나는지를 보여주며 악기에서 나는 소리를 유아가 자발적으로 주의하여 듣게 한다.

둘째, 유아에게 악기를 나누어 준다. 유아는 앞서 살펴본 악기의 모양이나 소리에 대해서 유아 스스로 탐색할 수 있는 기회를 갖게 된다. 이때 교사는 유아에게 악기를 나누어 줄 때 다소 소란스러워질 상황을 예상하여 유아에게 악기를 나누어 주는 상황이 혼란스럽지 않게 하는 방안으로 계획한다.

셋째, 교사는 악기를 어떻게 연주하는지에 대해 자세하게 유아에게 설명하고 실제로 소리 내는 방법에 대한 시범을 보인다. 이때 교사는 유아가 주의 깊게 악기 연주 방법을 듣게 하고 유아들이 악기 소리를 내는데 어려움이 없는지 살피고 어려움이 있는 유아들에게 악기의 소리를 내는데 어떤 도움을 주어야 하는지 파악하고 이에 따라 지도한다.

넷째, 유아가 악기를 어떻게 다루고 연주해야 하는지에 대한 연주법을 이해한 다음의 수업 절차는 유아에게 악기 연주를 위해 선곡된 노래나 음악을 소개하는 것이다. 유아는 악기 연주를 위해 선곡된 노래나 음악에 맞추어 노래의 음악 곡의 어떤 부분에서 악기를 연주해야 하는지를 나타낸 그림자료(악기연주판)와 같은 구체적인 교수매체를 통해서 이해할 수 있다. 그러므로 교사는 유아에게 악기를 선곡된 노래나 곡의 어느 부분에서 연주를 할 것인지에 대한 그림자료, 예컨대 '악기 연주판'과 같은 교수매체를 유아에게 제시하며 악기 연주 부분에 대해서 이야기 나눈다.

다섯째, 음악적 요소에 대해서 알아본다. 교사는 악기 연주를 위해 선정된 노래나 음악곡 속에 포함되어 있는 음악적 요소 또는 악기 연주 시 포함될 수 있는 음악적 요소를 파악하여야 한다. 또한 유아들이 이러한 음악적 요소를 잘 이해할 수 있게 하기 위해서 유아의 흥미와 발달에 적합한 교수자료가 활용되어야 한다. 악기 연주를 위해 선정된 노래나 음악곡 속에 포함된 음악적 요소에 대한 접근은 선곡된 노래나 음악곡에 의존해서 찾게 하기보다는 선정된 노래나 음악곡과 독립적으로 하는 것이 좋다. 예컨대, 악기 연주를 위해 선정된 노래나 음악 곡에서 경험시킬 음악적 요소가 빠르기라고 한다면 선곡된 노래나 음악 곡에서 유아가 빠르기를 경험하게 하기보다는 음악적 요소인 빠르기가 무엇인지에 대한 개념을 먼저 이해시키는 것이 좋다.

여섯째, 교사가 준비한 적절한 자료가 활용되어 유아가 음악적 요소를 이해하는 경험을 했다면 다음으로 음악적 요소를 실제적으로 이해할 수 있는 것과 관련된 활동을 해본다. 예를 들어 교사가 리본을 빠르게 또는 느리게 흔들면 유아도 리본 움직임의 속도에 맞추어 손뼉을 빠르게 또는 느리게 쳐 보는 경험을 하면서 음악적 요소인 빠르기를 표현할 수 있다.

일곱째, 음악적 개념을 포함하여 선곡된 노래나 음악 곡을 악기로 연주해 본다. 이때 교사는 유아가 악기 연주를 하기 위한 '악기 연주판(선곡된 노래나 곡의 어느 부분에서 연주를 할 것인지에 대한 그림자료)'을 제시하고 이 '악기 연주판'에 음악적 요소를 나타내어 유아가 음악적 요소를 경험하며 악기를 연주할 수 있도록 한다.

여덟째, 다양한 방법으로 악기를 가지고 선곡된 노래 또는 음악곡을 연주해 본다. 다양한 방법으로 악기를 연주하는 것에는 악기를 친구와 바꾸어(서로 다른 악기를 가지고 연주했을 경우) 연주하기, 친구들과 또는 교사와 나누어 악기 연주하기, 신체 움직이며 악기 연주하기 등 다양한 방법이 제시될 수 있다.

아홉째, 악기를 정리한다. 악기 연주 활동을 모두 마친 후에는 악기를 정리하는 시간을 갖는다. 교사는 악기를 정리할 수 있는 바구니와 같은 것을 준비하여 유아가 악기를 정리하는 데 도움을 줄 수 있으며 이러한 정리활동을 통하여 유아가 자발적으로 악기를 정리하는 경험을 하게 하여 악기를 대하는 올바른 태도를 기를 수 있게 한다.

3) 마무리

도입과 전개과정이 모두 끝나면 마무리 단계에서 유아는 악기 연주를 한 후 느낀 점에 대하여 이야기 나누는 시간을 갖게 된다. 이때 교사는 유아가 악기 연주를 하고 악기 연주를 통해 음악적 요소를 경험하는 과정에서 유아 자신의 경험에 대한 만족도를 파악할 수 있고 유아가 어렵게 느껴졌던 경험에 대해서도 이야기할 수 있는 기회를 갖게 한다.

2. 악기 연주 지도 수업계획안 작성방법

악기 연주 지도를 위한 수업 실행을 위해서는 수업계획안을 작성하여야 한다. 악기 연주 지도를 위한 수업계획안 작성 시 고려할 점은 선곡된 노래 또는 음악곡과 생활주제, 주제, 소주제와의 연계성, 대상연령, 음악적 요소, 교육과정 관련요소, 악기 연주 지도 시 요구되는 교수자료이다. 이러한 부분을 고려하여 실제 작성한 악기 연주 지도 수업계획안과 수업계획안에 제시된 항목들이 무엇을 의미하는지 자세하게 살펴보면 다음과 같다.

ⓐ **생활주제**

악기 연주를 위해 선곡된 노래의 내용이나 음악곡 그리고 악기가 생활주제와 연계된다. 제시된 수업계획안 예시에서는 노래 '(배) 하나 주겠니?(성진희 · 성경희 작사 · 작곡)'를 '여름 과일 친구들로' 개사하여 노래내용이 생활주제인 '여름'과 연계되어 있고 악기도 여름 과일 모양으로 된 창의적 악기를 제작하여 생활주제인 '여름'과 연계성을 갖고 있다.

ⓑ **주제**

악기 연주를 위해 선곡된 노래의 내용이나 음악곡 그리고 악기가 주제와 연계된다. 제시된 수업계획안 예시에서는 노래 '(배) 하나 주겠니?(성진희 · 성경희 작사 · 작곡)'를 '여름 과일 친구들로' 개사하여 노래내용과 창의적 악기가 주제인 '여름 풍경 즐기기'와 연계되어 있으며 생활주제인 '여름'과 연계되어 있다.

ⓒ **소주제**

악기 연주를 위해 선곡된 노래의 내용이나 음악곡 그리고 악기가 소주제와 연계된다. 제시된 수업계획안 예시에서는 노래 '(배) 하나 주겠니?(성진희 · 성경희 작사 · 작곡)'를 '여름 과일 친구들로' 개사하여 노래 내용과 여름 과일 모양으로 된 창의적 악기가 소주제인 '여름 과일 모형 악기를 연주해 보아요'와 연계되어 있고 주제인 '여름 풍경 즐기기'와 연계되어 있으며 생활주제인 '여름'과 연계성을 갖고 있다.

ⓓ **활동명**

악기 연주를 위한 활동명으로 제시된다. 제시된 수업계획안 예시에서는 노래 제목을 활용하여 활동명으로 제시되었다.

ⓔ **활동유형**

악기 연주 지도하는 것으로서 '악기 연주'로 제시되었다.

ⓕ **주 음악적 개념**

선곡한 노래 또는 음악 곡에서 유아가 경험할 수 있는 음악적 개념을 파악하여 제시한다.

ⓖ **대상연령**

악기 연주 지도 대상 유아의 연령을 제시한다.

ⓗ **집단형태**

악기 연주 지도 시 집단의 형태가 소집단인지 대집단인지 제시한다. 제시된 수업계획안 예시에서는 대집단 형태로 악기 연주 지도가 이루어지는 것으로 집단형태를 대집단으로 제시하였다.

ⓘ **대형**

악기 연주 지도 수업 시 유아가 어떠한 대형으로 교사를 바라보고 있는지에 대한 모양을 의미한다. 대형에는 반원형, 원형, 일자형이 있을 수 있다.

ⓙ **예상 소요 시간**

악기 연주 지도 수업에 소요되는 총 시간을 제시한다. 일반적으로 유아의 집중시간을 고려하여 20분에서 30분 소요된다.

ⓚ **교육목표**

악기 연주 지도 시 관련되는 교육과정 관련 요소를 분석하여 교육목표를 제시한다.

ⓛ **교육과정 관련 요소**

악기 연주 지도 시 관련되는 교육과정 관련 요소를 분석하여 제시한다. 예술경험 영역 이외의 관련성을 파악하여 제시한다.

ⓜ **활동자료**

악기 연주 지도 시 필요한 교수자료 및 수업 활동자료를 제시한다. 교수자료는 교사가 수업에 필요한 교수매체를 의미하며 수업 활동자료는 유아가 수업 시 활용하게 되는 자료를 의미한다. 악기 연주에서는 일반적으로 유아가 악기를 직접 다루게 되므로 수업 활동자료에 악기를 제시한다.

ⓝ **사전활동**

악기 연주 지도 수업 이전에 유아가 경험한 악기 지도에 연계된 활동을 제시한다.

ⓞ **활동절차**

활동절차에는 악기 연주 지도 수업의 ⓠ 도입, ⓡ 전개, ⓢ 평가 및 마무리가 포함되며 ⓠ 도입에는 전개에서 이루어지는 활동과 연계된 동기부여 활동이 제시되어야 하며 ⓡ 전개는 악기를 탐색하기, 유아들에게 악기 나누어 주기, 악기 연주방법 이야기 나누기, 악기 연주판 제시하며 어떻게 악기 연주할지에 대해 이야기 나누기, 음악적 요소 알아보기, 음악적 요소와 관련된 활동하기, 음악적 요소를 포함하여 악기 연주하기, 다양한 방법으로 악기 연주하기, 악기 정리하기가 순서적으로 제시된다. ⓢ 평가 및 마무리에는 악기 연주 활동을 마친 후 유아의 느낌이나 생각에 대한 이야기를 나누는 내용이 제시된다.

ⓟ **자료 및 유의점**

수업계획안에 제시된 활동자료가 교사의 발문과 유아의 기대되는 반응에 해당하는 부분에 따라 다시 세부적으로 제시된다. 자료의 제시뿐만 아니라 수업 진행 시 유의점이 있으면 이를 제시한다.

ⓣ **추후지도 및 연계활동**

악기 연주 지도 수업 후 연계되는 활동을 제시한다.

ⓤ **악보**

악기 연주를 위해 선정된 노래의 악보를 제시한다.

악기 연주 지도 수업계획안

<table>
<tr><td>ⓐ 생활 주제</td><td>여름</td><td>ⓑ 주제</td><td>여름 풍경 즐기기</td><td>ⓒ 소주제</td><td>여름철 과일 관심 갖고 살펴보기</td><td>ⓓ 활동명</td><td>여름 과일 모형 악기를 연주해 보아요</td></tr>
<tr><td>ⓔ 활동 유형</td><td colspan="3">악기 연주하기</td><td>ⓕ주 음악적 개념</td><td>셈여림</td><td>ⓖ 대상연령</td><td>만 3세</td></tr>
<tr><td>ⓗ 집단 형태</td><td colspan="3">대집단</td><td>ⓘ 대형</td><td>원형</td><td>ⓙ 예상 소요 시간</td><td>15분</td></tr>
<tr><td>ⓚ 교육 목표</td><td colspan="7">• 여름철 과일에 관심을 가진다.
• 셈여림에 따라 '수박짝짝이'악기를 연주할 수 있다.
• '여름 과일 친구들' 노래에 맞추어 '수박짝짝이' 악기를 연주할 수 있다.</td></tr>
<tr><td>ⓛ 교육 과정 관련 요소</td><td colspan="7">• 예술경험〉 아름다움 찾아보기〉 음악적 요소 탐색하기(셈여림)〉 다양한 소리, 음악의 셈여림, 빠르기, 리듬 등에 관심을 갖는다.
• 예술경험〉 예술적 표현하기〉 음악으로 표현하기〉 리듬악기로 간단한 리듬을 표현해 본다.
• 신체운동건강〉 신체조절과 기본운동하기〉 신체조절하기〉 공간, 힘, 시간 등의 움직임 요소를 경험한다.</td></tr>
<tr><td>ⓜ 활동 자료</td><td colspan="7">1. 교수자료
① 도입 활동 자료
'과일의 겉과 속이 다르다는 것을 알고 여름 과일 친구들의 옷을 찾아주는 활동'을 주 목적으로 하는 '여름 과일 테이블 동화'(수영장, 탈의실, 집, 수박 · 참외 · 포도 · 복숭아의 몸체(과일의 속)와 옷(과일의 겉))</td></tr>
</table>

② 전개 활동 자료

수박 짝짝이(일회용 국그릇에 초록색 스프레이를 뿌리고 수박의 줄무늬를 만들어 수박의 겉을 표현한다. 또 CD에 빨간색 스프레이를 뿌려 수박의 속을 표현한다. 소리가 날 수 있도록 안에 굵은 모래를 넣고 밖에 방울을 달아준다. 손가락을 끼울 수 있도록 고리도 달아준다.)

악기연주판('여름 과일 친구들' 노랫말 판에 크기가 같은 수박 16개를 붙임)

셈여림판('여름 과일 친구들' 노랫말 판에 큰 수박 8개, 작은 수박 8개를 붙임)

수박 지시봉

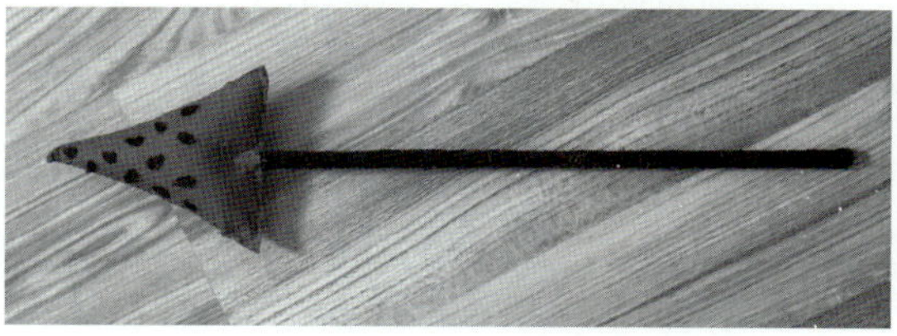

악기정리함

<table>
<tr><td></td><td colspan="3">2. 수업 활동자료
'여름과일 테이블 동화', '수박 짝짝이 악기'
(교수자료와 같은 사진입니다.)</td></tr>
<tr><td>ⓝ
사전
활동</td><td colspan="3">여름철 과일과 꽃에 대해 이야기 나누기를 한다.</td></tr>
<tr><td rowspan="2">ⓞ
활동
절차</td><td colspan="2">활동과정</td><td rowspan="2">ⓟ
자료 및 유의점</td></tr>
<tr><td>교사의 발문</td><td>기대되는 유아의 반응</td></tr>
<tr><td rowspan="3">ⓠ
도입</td><td colspan="2">① '과일의 겉과 속이 다르다는 것을 알고 여름 과일 친구들의 옷(과일의 겉껍질 무늬)을 찾아주는 활동'을 주 목적으로 하는 '여름 과일 테이블 동화'를 통해 여름 과일에 대한 흥미를 유발시킨다.</td><td rowspan="3">'과일의 겉과 속이 다르다는 것을 알고 여름 과일 친구들의 옷을 찾아주는 활동'을 주 목적으로 하는 '여름 과일 테이블 동화'(수영장, 탈의실, 집, 수박 · 참외 · 포도 · 복숭아의 몸체(과일의 속)와 옷(과일의 겉))
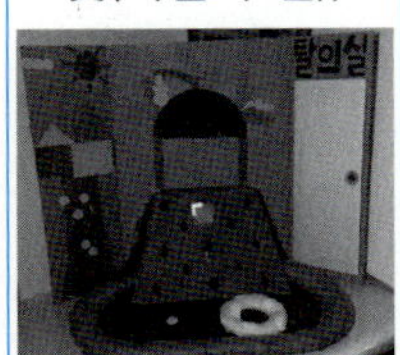
</td></tr>
<tr><td>T: 친구들~ 오늘은 선생님이 재미있는 여름 과일 동화를 준비했어요. 친구들이 알고 있는 과일에는 어떤 것들이 있나요?</td><td>C: 수박이요! 참외요! 파인애플이요!</td></tr>
<tr><td>T: 수박, 참외, 파인애플 등 여러 가지 과일이 있지요. 그 중 선생님이 준비한 동화에는 수박, 참외, 포도, 자두 여름과일 친구들이 나와요. 친구들의 이야기를 들어볼까요?

〈여름 과일 테이블 동화〉
쨍쨍 태양 빛이 뜨거운 어느 날</td><td>C: 네!

C: 저요!</td></tr>
</table>

	여름 과일 친구들은 수영장에 놀러갔어요. 신이 난 나머지 옷을 "마구" "마구" 벗어놓았지요. "나는 미끄럼틀 타야지~ 우와! 신난다!" "나도 미끄럼틀 탈래!" "나는 튜브 타야지~" "나는 수영을 할 거야." 친구들은 모두 신나게 놀았지요. 신나게 놀다 보니 해가 지고, 밤이 찾아왔어요, "얘들아 하늘을 봐. 깜깜해졌어." "그러게. 달님도 있네." "어서 가자." "그래" 여름과일 친구들은 탈의실로 갔지요. 그런데 "어라? 아까 마구 벗어놓는 바람에 내 옷이 무엇인지 잘 모르겠어." "나도 잘 모르겠어. 흑흑흑 어떡하지?" 친구들~ 지금 과일친구들이 옷을 마구 벗어놓아서 자신의 옷이 무엇인지 모르겠대요. 과일 친구들의 옷 찾기를 도와줄 친구 있나요?		
	T: 그래요. ♡♡이, ○○이, ♧♧이, △△이가 앞으로 나와서 과일친구들의 옷을 찾아주도록 해요. 모두 나와주세요. ♡♡이는 어떤 과일의 옷을 찾아주고 싶나요?	C: 수박이요!	
	T: 수박의 옷은 어느 것이지요?	C: (수박의 옷을 가리키며) 이거요!	

	T: 그래요. 수박의 옷은 초록색 바탕에 검은색 줄무늬가 그려진 옷이지요. 잘 찾아주었어요. 들어가 주세요.	C: 네.	
	T: ○○이는 어떤 과일의 옷을 찾아주고 싶나요?	C: 참외요!	
	T: 참외의 옷은 어느 것이지요?	C: (참외의 옷을 가리키며) 이거요!	
	T: 그래요. 참외의 옷은 노란색 바탕에 하얀색 줄무늬가 그려진 옷이지요. 잘 찾아주었어요. 들어가 주세요.	C: 네.	
	T: ♧♧이는 어떤 과일의 옷을 찾아주고 싶나요? T: 포도의 옷은 어느 것이지요?	C: 포도요! C: 잘 모르겠어요.	
	T: 선생님이 힌트를 줄게요. 포도의 옷은 멋진 보라색이에요.	C: (포도의 옷을 가리키며) 이거다!	
	T: 그래요. 잘 찾아주었어요. 들어가 주세요.	C: 네.	
	T: △△이는 어떤 과일의 옷을 찾아주고 싶나요?	C: 복숭아요!	

	T: 복숭아의 옷은 어느 것이지요?	C: (복숭아의 옷을 가리키며) 이거요!	
	T: 그래요. 복숭아의 옷은 예쁜 분홍색이지요. 잘 찾아주었어요. 들어가 주세요.		
	T: (과일 인형을 흔들며)친구들~ 정말 고마워, 너희들 덕분에 무사히 집에 돌아갈 수 있게 되었어. 다음에 또 보자. 안녕~	C: 안녕~	
ⓡ 전개	① '수박 짝짝이' 악기를 탐색해본다.(일회용 국그릇에 초록색 스프레이를 뿌리고 수박의 줄무늬를 만들어 수박의 겉을 표현. 또 CD에 빨간색 스프레이를 뿌려 수박의 속을 표현. 소리가 날 수 있도록 안에 굵은 모래를 넣고 밖에 방울을 달아줌. 손가락을 끼울 수 있도록 고리도 달아줌)		수박 짝짝이(일회용 국그릇에 초록색 스프레이를 뿌리고 수박의 줄무늬를 만들어 수박의 겉을 표현한다. 또 CD에 빨간색 스프레이를 뿌려 수박의 속을 표현한다. 소리가 날 수 있도록 안에 굵은 모래를 넣고 밖에 방울을 달아준다. 손가락을 끼울 수 있도록 고리도 달아준다.)
	T: 오늘은 선생님이 여름 과일 악기를 가지고 왔어요. 어떤 과일과 닮았나요?	C: 수박이요!	
	T: 악기의 겉과 속이 수박의 겉과 속의 모습과 닮았지요. 어떤 소리가 날까요?	C: 짝!짝!/ 달랑달랑!	
	T: CD를 붙여놓아서 "짝짝" 소리가 나고, 방울을 달아놓아서 "달랑달랑" 소리가 나겠지요.	C: 네.	
	T: 친구들이 악기의 이름을 지	C: 수박 짝짝이요!	

	어줄까요? 무엇이 좋을까요?		
	T: 그래요. 수박과 닮았고, 짝짝짝 소리를 내니 '수박짝짝이라고' 부르도록 해요.	C: 네.	
	② 유아들에게 '수박짝짝이' 악기를 나누어 준다.		
	T: 수박짝짝이를 친구들에게도 나누어 줄거에요. △△이와 같은 줄에 있는 친구들 모두 나오세요. ('수박짝짝이' 악기를 나누어 준다.) T: 그 다음 ♧♧이와 같은 줄에 있는 친구들 나오세요. ('수박짝짝이' 악기를 나누어 준다.) T: 그 다음 ♡♡이와 같은 줄에 있는 친구들 나오세요. ('수박짝짝이' 악기를 나누어 준다.)	C: 네. C: 네. C: 네.	
	③ '수박짝짝이' 악기를 어떻게 연주할 수 있을지에 대해 이야기 나누어 본다.		
	T: 모두 '수박짝짝이' 악기를 받았나요? 이 악기는 어떻게 연주하면 좋을까요?	C1: 두 개를 마주대고 박수를 치듯 "짝짝" 소리를 내며 연주해요. C2: 두 개를 마주대고 비비며 "샤샤샥" 소리를 내며 연주해요.	

	T: 그래요. 두 개를 마주대고 박수를 치듯 "짝짝" 소리를 내며 연주할 수도 있고, 두 개를 마주대고 비비며 "샤샤샤" 소리를 내며 연주할 수도 있겠지요. 이번 음악시간에는 박수를 치듯 "짝짝" 소리를 내며 연주해 보도록 하고, 자유선택활동시간에 친구들과 함께 다양한 방법으로 연주해 보도록 해요.	C: 네.	
	④ 악기연주판('여름 과일 친구들' 노랫말 판에 크기가 같은 수박 16개를 붙임)에 맞추어 '수박짝짝이' 악기를 연주해 본다.		'수박짝짝이' 악기  악기연주판('여름 과일 친구들' 노랫말 판에 크기가 같은 수박 16개를 붙임)  수박지시봉 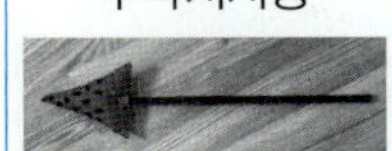
	T: 선생님이 더 멋있게 연주하기 위해 악기연주판을 준비했어요. 무엇이 보이나요?	C: 수박이요!	
	T: 똑같이 생긴 수박이 여러 개 있지요. 선생님이 수박을 가리키면 박수를 치듯 "짝"소리를 내며 연주해 보도록 해요.	C: 네!	
	T: 모두 준비 됐나요? 시작해 보도록 할게요! 수박!(악기연주판의 수박을 가리킨다.) (똑같은 방법으로 16번 한다.)	C: 짝! (똑같은 방법으로 16번 한다.)	

<table>
<tr><td rowspan="6"></td><td colspan="2">⑤ 엄마수박(크기가 큰 수박)과 아기수박(크기가 작은 수박)을 통해 셈여림에 대해 알아본다.</td><td rowspan="6">'수박짝짝이' 악기

셈여림판('여름 과일 친구들' 노랫말 판에 큰 수박 8개, 작은 수박 8개를 붙임)

수박지시봉
</td></tr>
<tr><td>T: 이번에는 '셈여림'에 대해 배워보도록 할거에요. 셈여림이 무엇인지 아는 친구 있나요?</td><td>C: (모두 고개를 갸우뚱한다.)</td></tr>
<tr><td>T: 선생님이 가르쳐 줄게요. 선생님이 더 재미있게 가르쳐 주기 위해 엄마수박과 아기수박을 준비했어요. 그런데 엄마수박과 아기수박이 박수를 친대요. "엄마가 먼저 박수를 쳐볼게~" 짝! (박수를 크게 친다.) "저도 쳐볼래요!" 짝! (박수를 작게 친다.) 엄마수박과 아기수박 중에 누구의 박수 소리가 더 크지요?</td><td>C: 엄마수박이요!</td></tr>
<tr><td>T: 엄마수박의 박수소리가 더 크지요. 이렇게 소리에는 큰 소리와 작은 소리가 있는데, 크다, 작다, 소리의 크기를 나타내는 말을 셈여림이라고 해요. 이제 셈여림이 무엇인지 알게 되었나요?</td><td>C: 네.</td></tr>
<tr><td colspan="2">⑥ 큰 소리, 작은 소리로 박수를 치며 셈여을 표현해 보도록 한다.</td></tr>
<tr><td>T: 이번에는 박수를 치며 셈여림을 표현해 보도록 할거에</td><td>C: 네.</td></tr>
</table>

	요. 선생님이 엄마수박을 가리키면 짝! 크게, 아기수박을 가리키면 짝! 작게 박수를 쳐보도록 해요.		
	T: 모두 준비됐나요? 시작해보도록 할게요. 엄마수박!	C: 짝!(박수를 크게 친다.)	
	T: 아기수박! (똑같은 방법으로 8번 한다.)	C: 짝!(박수를 작게 친다.) (똑같은 방법으로 8번 한다.)	
	⑦ '수박짝짝이' 악기로 셈여림을 표현해 본다.		
	T: 이번에는 '수박짝짝이'로 셈여림을 표현해 보도록 할거에요. 손가락을 끼고, 선생님이 엄마수박을 가리키면 크게! 아기수박을 기리키면 작게! 연주해 보도록 해요.	C: 네.	
	T: 모두 준비됐나요? 시작해보도록 할게요. 엄마수박!	C: 짝!('수박짝짝이'를 크게 연주한다.)	
	T: 아기수박! (똑같은 방법으로 8번 한다.)	C: 짝!('수박짝짝이'를 작게 연주한다.) (똑같은 방법으로 8번 한다.)	
	⑧ '수박짝짝이' 악기를 다룰 때의 주의사항에 대해서 이야기 나눈다.		
	T: 이번에는 '여름 과일 친구들'	C: 네.	

	노래에 맞추어 '수박짝짝이' 악기를 연주해 보도록 할건데 그 전에 주의사항이 있지요. 연주할 때 크고, 작게, '셈여림'에 맞춰서 연주하는 거 잊지 않도록 해요.		
	⑨ '여름 과일 친구들' 노래에 맞추어 '수박 심벌즈' 악기를 연주해 본다.		
	T: 그럼 이제 '여름 과일 친구들' 노래에 맞추어 '수박짝짝이'악기를 연주해보도록 해요. 지난 시간에 '여름 과일 친구들' 노래 배웠던거 기억하지요?	C: 네.	
	T: 그럼 시작해 보도록 할게요.	C: ('여름 과일 친구들' 노래에 맞추어 '수박짝짝이' 악기를 연주한다.)	
	⑩ 다양한 방법으로 '수박짝짝이' 악기를 연주해 본다.		
	10-1. '여름 과일 친구들' 노래에서 윗부분은 교사가, 아랫부분은 유아가 '수박짝짝이' 악기를 연주한다.		
	T: 이번에는 선생님이 윗부분, 친구들이 아랫부분을 연주해 보도록 할거에요. 선생님이 '여름 과일 친구들' 노래의 윗부분을 부르며 악기 연주를 하면 친구들은 아랫부분을 하도록 해요.	C: 네.	

	T: (수박짝짝이를 연주하며) 수박 참외 포도 자두 복숭아 모여라!	C: (수박짝짝이를 연주하며) 우리 모두 다 같이 노래 부르자!	
	T: 이번에는 바꾸어 연주해 보도록 할게요. 선생님이 뒷부분, 친구들이 앞부분을 연주해주세요.	C: (수박짝짝이를 연주하며) 수박 참외 포도 자두 복숭아 모여라!	
	T: (수박짝짝이를 연주하며) 우리 모두 다 같이 노래 부르자! 모두 잘 해주었어요.		
	10-2. 친구와 짝을 지어 '여름 과일 친구들'노래에 맞추어 '수박짝짝이'를 연주해 보도록 한다.		
	T: 이번에는 친구와 짝을 지어 연주해 보도록 할거에요. 어느 부분을 친구와 연주해 보고 싶나요?	C: '우리 모두 다 같이 노래 부르자' 부분이요!	
	T: 그 부분을 친구와 어떻게 연주하고 싶나요?	C: 서로의 '수박짝짝이'를 마주대고 연주하고 싶어요!	
	T: 그래요. '우리 모두 다 같이 노래 부르자' 부분을 서로의 '수박짝짝이'를 마주대고 연주해 보도록 해요. ♡♡이는 ♧♧이와, ○○이는 선생님과 짝이 되어 연주해 보도록 해요. 모두 준비되었나요? 시작해 보도록 할게요. 시~작!	C: (친구와 짝을 지어 '우리 모두 다 같이 노래 부르자' 부분을 연주한다.)	

	T: 모두 잘 해주었어요.		
	⑪ '수박짝짝이'악기를 정리한다.		
	T: 이제 악기정리함에 '수박짝짝이'를 정리하도록 해요. △△이와 같은 줄에 있는 친구들 모두 나오세요. ('수박짝짝이'악기를 정리한다.)	C: 네.	
	T: 그 다음 ♧♧이와 같은 줄에 있는 친구들 나오세요. ('수박짝짝이' 악기를 정리한다.)	C: 네.	
	T: 그 다음 ♡♡이와 같은 줄에 있는 친구들 나오세요. ('수박짝짝이'악기를 정리한다.)	C: 네.	
ⓢ 평가 및 마무리	① 활동을 한 뒤 느낀점을 이야기해 본다.		
	T: 오늘 선생님과 어떤 활동을 해보았지요?	C1: '수박짝짝이' 악기를 연주했어요! C2: 여름 과일 동화 듣기를 했어요! C3: 셈여림에 대해 배웠어요.	
	T: '수박짝짝이' 악기를 연주해보기도 하고 셈여림도 배우고 여름 과일 동화 듣기도 했지요. 여름 과일에는 어떤 것들이 있었지요?	C: 수박, 참외, 복숭아, 자두, 포도요!	

<table>
<tr><td rowspan="3"></td><td>T: 그래요. 수박, 참외, 복숭아, 자두, 포도가 있었지요. 활동하면서 어떤 기분이 들었나요?</td><td>C1: 재밌었어요,
C2: 악기 연주하는게 힘들었어요.</td><td rowspan="3"></td></tr>
<tr><td>T: 재밌기도 하고 힘들기도 했구나. 또 해보고 싶은 활동이나 관련지어 해보고 싶은 활동이 있나요?</td><td>C: 악기 연주를 또 하고 싶어요!</td></tr>
<tr><td>T: '수박짝짝이'와 노랫말 판은 음률 영역에 둘테니 자유선택활동시간에 친구들과 함께 연주해 보도록 해요. 그리고 다음 시간에는 여름 과일이 들어간 화채 만들기를 할거에요. 친구들 최~고! 잘해주었어요.</td><td></td></tr>
<tr><td>ⓣ
추후
지도
및
연계
활동</td><td colspan="3">• 요리 활동 시간에 수박, 참외, 복숭아, 포도가 들어간 여름 과일 화채를 만든다.</td></tr>
<tr><td>ⓤ
악보</td><td colspan="3">'(배)하나 주겠니?' 노래를 '여름 과일' 소주제에 맞추어 개사함

(배)하나 주겠니?
성진희, 성경희 작사 / 성진희, 성경희 작곡</td></tr>
</table>

3. 악기 연주 지도 수업 진행 시 유의점

- 교사는 악기를 다루는 시범을 보일 때 정확한 주법을 보여주어야 한다.
- 유아에게 악기를 나누어 줄 때 소란스럽지 않게 하기 위해서 유아에게 악기를 소리 낼 수 있는 상황과 소리 내지 않아야 하는 상황에 대해서 인지시켜야 한다, 또한 악기를 바닥으로 내리친다든지 옆 친구를 악기로 방해하지 않도록 주의사항에 대해서 이야기 나누어야 한다.
- 교사는 유아에게 악기를 나누어 줄 때 혼란스럽지 않을 수 있는 방법을 고안한다. 예를 들어 모둠별로 악기를 나누어 줄 것인지, 아니면 개별적으로 나누어 줄 것인지 등을 고안하여야 한다.
- 전개부분 진행 시 악기 연주 후 악기를 정리하는 시간을 가져서 수업을 원활하게 진행활수 있도록 한다.
- 교사는 악기를 정리할 수 있는 바구니나 보관용기를 준비하여 수업을 진행한다.

Chapter 3

음악 감상 지도 수업을 위한 수업계획안 작성의 실제

1. 음악 감상 지도 수업을 위한 활동절차 계획 시 고려점

음악 감상 지도 수업계획안을 작성하기에 앞서 음악 감상 지도 시 요구되는 활동절차를 먼저 살펴보고자 한다. 지도 시 요구되는 활동절차에는 도입, 전개, 마무리가 해당된다. 이에 대한 구체적인 내용은 다음과 같다.

1) 도입

유아를 대상으로 하는 음악 감상 지도를 위한 활동절차 중 도입 부분에서는 유아의 주의집중 및 동기부여를 어떻게 할 것인지에 대한 고려가 필요하다. 음악 감상 지도 시 유아의 동기 부여를 위해서 교사는 많은 아이디어를 고안할 수 있다. 음악 감상 지도 시 일반적으로 음악 감상곡에 대한 작곡가 또는 감상곡의 유래 등과 같은 것에 착안하여 도입 부분 내용을 계획할 수 있다. 간략한 동화나 인형 또는 그림 등을 활용하여 도입 부분에 적합한 교수자료를 제작할 수 있다.

2) 전개

음악 감상 지도 시 전개 부분에서 중요한 부분은 음악 감상 후 음악 감상에 대한 느낌과 음악적 요소를 유아가 표현할 수 있는 경험을 어떻게 줄 수 있는가를 고려하는 것이다. 유아 발달 수준에서는 음악 감상 후 음악적 요소를 면밀히 분석해서 음악 감상문을 작성하는 것과 같은 접근방법은 적합하지 않다. 유아는 음악을 들은 후에 자신의 느낌을 언어로 표현할 수 있고, 그림이나 조형활동을 통해서 표현할 수 있으며 음악의 느낌을 신체로도 표현할 수 있다. 이와 같이 유아는 음악을 감상한 후에 자신의 느낌을 직접적인 활동을 통해 표현하고 이러한 표현 속에서 유아는 자연스럽게 음악적 요소를 경험할 수 있다. 이를 위해서 교사는 유아가 다양한 방법으로 음악감상에 대한 느낌을 표현할 수 있는 교수자료를 적절하게 제공하여야 한다. 예컨대, 유아가 음악 감상 후에 신체표현을 통하여 음악에 대한 느낌을 표현하는 활동을 하게 된다면 교사는 유아가 신체표현을 좀 더 효과적으로 할 수 있는 신체활동을 위한 소품이나 악기 등을 준비해 주어 유아가 관심과 흥미를 갖고 자발적으로 음악감상에 대한 표현에 참여할 수 있도록 하여야 한다.

이와 같은 점들을 고려하여 대집단 형태의 음악 감상 지도를 위해 전개 부분에서 이루어지는 교수법의 자세한 절차와 순서는 다음과 같다.

첫째, 교사는 음악 감상을 위해 선정된 음악 곡의 작곡가 또는 곡에 대한 배경 등에 대하여 간략히 이야기 나누는 시간을 갖는다. 이러한 시간은 유아가 선정된 음악 곡에 대한 관심을 갖고 주의를 기울일 수 있는 계기가 된다.

둘째, 유아에게 선정된 음악 감상 전곡을 들려준다. 유아에게 음악을 들려 줄 때는 너무 긴 음악이나 여러 가지 시리즈로 연결된 음악 같은 경우, 교사가 유아에게 감상할 적당한 분량의 악곡의 길이를 선택하여 들려 줄 수 있다. 유아에게 들려 줄 분량은 2분에서 2분 30초 정도가 적당하다. 선정된 음악의 전곡을 들려 준 후 유아에게 음악을 듣고 느낀점에 대하여 이야기 나눈다.

셋째, 음악적 요소에 대하여 알아본다. 교사는 선정된 음악 감상곡에 포함되어 있는 음악적 요소를 파악하여야 한다. 또한 유아들이 음악적 요소를 잘 이해할 수 있는 교수자료가 활용되어야 한다. 음악 감상곡을 위해 선정된 곡속에 포함된 음악적 요소에 대한 접근은 선곡된 음악 감상곡에 의존하기보다는 선정된 곡과 독립되어 접근되는 것이 좋다. 예컨대, 음악 감상을 위해 선곡된 음악적 요소가 리듬패턴이라고 한다면 선곡된 감상곡에서 유아가 리듬패턴을 경험하게 하기보다는 리듬패턴이라는 음악적 요소가 무엇인지에 대한 개념을 먼저 이해시키는 것이 좋다.

넷째, 교사가 준비한 적절한 자료가 활용되어 유아가 선정된 음악 감상 속에 포함된 음악적 요소를 이해하는 경험을 한 후에는 음악적 요소를 실제적으로 이해할 수 있는 것과 관련된 활동을 해본다. 예를 들어 교사가 리듬패턴을 작은북을 이용하여 들려주면 유아가 선생님이 들려 준 리듬패턴대로 발을 구른다거나 손뼉을 칠 수 있다.

다섯째, 선정된 음악 감상곡에 포함된 음악적 요소에 집중하여 다시 한 번 음악을 감상한다. 앞서 유아는 선정된 음악 감상곡의 음악적 요소가 무엇인지 개념적으로 경험을 할 수 있었다. 예컨대, 리듬패턴이라는 것이 무엇인지 알고 리듬패턴이 어떻게 표현될 수 있는지도 경험을 하였다. 이러한 경험 후에 유아는 선정된 음악 속에 포함된 리듬패턴에 주의를 기울여 들어봄으로써 선정된 곡에서의 리듬패턴을 좀 더 구체적으로 경험할 수 있게 된다. 또한 유아는 음악을 듣고 난 후 음악에 대한 느낌을 표현하는 것을 경험하게 된다. 이때 교사는 선정된 음악을 통하여 음악 감상 후 느낌을 유아가 어떤 표현활동으로 경험하는 것이 가장 적합한지 분석한 후에 유아들에게 음악 감상 후 표현할 수 있는 활동과 활동에 적합한 교수자료를 준비하여 유아가 음악 감상 후 충분히 표현활동을 할 수 있도록 한다.

여섯째, 유아는 음악을 듣고 자신이 음악에 대해 무엇을 어떻게 표현했는지에 대한 이야기를 할 수 있는 경험을 갖게 된다. 물론 앞서 유아가 음악을 들으면서 혹은 음악을 듣고 난 후 다양한 음악 감상 표현활동을 하면서 무엇을 어떻게 표현했는지에 대한 이야기를 유아와 유아가 또는 교사와 유아가 나눌 수 있다. 그러나 음악 감상 표현활동이 끝난 후 전체적으로 모여서 음악 감상을 어떻게 표현했는지에 대한 이야기를 나누는 것은 자신의 생각과 느낌을 표현하고 서로의 생각과 느낌을 존중하는 시간을 갖게 되는 계기가 되므로 중요하다.

3) 마무리

도입과 전개과정이 모두 끝나면 마무리 단계에서 유아는 음악 감상을 한 후 느낀 점에 대하여 이야기 나누는 시간을 갖게 된다. 이때 교사는 유아가 음악 감상을 하고 난 후 음악적 요소를 경험하거나 음악 감상의 느낌을 표현하는 과정에서 유아 자신의 경험에 대한 만족도를 파악할 수 있고 유아가 어렵게 느껴졌던 경험에 대해서도 이야기할 수 있는 기회를 갖게 한다.

2. 음악 감상 지도 수업계획안 작성방법

ⓐ **생활주제**

음악 감상을 위해 선곡된 음악곡이 생활주제와 연계된다. 제시된 수업계획안 예시에서는 '쇼팽의 나비', '이사오 사사키의 Butterfly in the rain'이 생활주제 '봄'과 연계되어 있다.

ⓑ **주제**

음악 감상을 위해 선곡된 음악곡이 주제와 연계된다. 제시된 수업계획안 예시에서는 '쇼팽의 나비', '이사오 사사키의 Butterfly in the rain'이 주제인 '봄 풍경 즐기기'와 연계되어 있으며 생활주제 '봄'과 연계되어 있다.

ⓒ **소주제**

음악 감상을 위해 선곡된 음악곡이 소주제와 연계된다. 제시된 수업계획안 예시에서는 '쇼팽의 나비', '이사오 사사키의 Butterfly in the rain'이 소주제인 '나비가 되어서 날아보아요'와 연계되어 있으며 주제인 '봄 풍경 즐기기' 그리고 생활주제 '봄'과 연계되어 있다.

ⓓ **활동명**

음악 감상 지도를 위한 활동명으로 제시된다. 제시된 수업계획안 예시에서는 음악 감상곡과 음악 감상 활동 후 표현활동이 연계되어 활동명으로 제시되었다.

ⓔ **활동유형**

음악 감상 지도를 위한 것으로서 '음악 감상'으로 제시되었다.

ⓕ **주 음악적 개념**

음악 감상을 위해 선곡한 음악 곡에서 유아가 경험할 수 있는 음악적 개념을 파악하여 제시한다.

ⓖ **대상연령**

음악 감상 지도 대상 유아의 연령을 제시한다.

ⓗ **집단형태**

음악 감상 지도 시 집단의 형태가 소집단인지 대집단인지 제시한다. 제시된 수업계획안 예시에서는 대집단 형태로 악기 연주 지도가 이루어지는 것으로 집단형태를 대집단으로 제시하였다.

ⓘ **대형**

음악 감상 지도 수업 시 유아가 어떠한 대형으로 교사를 바라보고 있는지에 대한 모양을 의미한다. 대형에는 반원형, 원형, 일자형이 있을 수 있다.

ⓙ **예상 소요 시간**

음악 감상 지도 수업에 소요되는 총 시간을 제시한다. 일반적으로 유아의 집중시간을 고려하여 20분에서 30분 소요된다.

ⓚ **교육목표**

음악 감상 지도 시 관련되는 교육과정 관련 요소를 분석하여 교육목표를 제시한다.

ⓛ **교육과정 관련 요소**

음악 감상 지도 시 관련되는 교육과정 관련 요소를 분석하여 제시한다. 예술경험 영역 이외의 관련성을 파악하여 제시한다.

ⓜ **활동자료**

음악 감상 지도 시 필요한 교수자료 및 수업 활동자료를 제시한다. 교수자료는 교사가 수업에 필요한 교수매체를 의미하며 수업 활동자료는 유아가 수업 시 활용하게 되는 자료를 의미한다. 악기 연주에서는 일반적으로 유아가 악기를 직접 다루게 되므로 수업 활동자료에 악기를 제시한다.

ⓝ **사전활동**

음악 감상 지도 수업 이전에 유아가 경험한 연계된 활동을 제시한다.

ⓞ **활동절차**

활동절차에는 악기 연주 지도 수업의 ⓠ 도입, ⓡ 전개, ⓢ 평가 및 마무리가 포함되며 ⓠ 도입에는 전개에서 이루어지는 활동과 연계된 동기부여 활동이 제시되어야 하며 ⓡ 전개는 음악 감상곡에 대한 소개하기, 감상곡 들려주고 느낀점 이야기하기, 음악적 요소 알아보기, 음악적 요소와 관련된 활동하기, 음악적 요소를 고려하여 음악 감상을 하고 느낌 표현(동화 만들기, 동시

짓기, 이야기 만들기, 미술적으로 표현해 보기, 신체로 표현해 보기 등), 음악 감상 후 유아가 표현한 활동에 대해서 이야기 나누기가 순서적으로 제시된다. ⓢ 평가 및 마무리에는 음악 감상 활동을 마친 후 유아의 느낌이나 생각에 대한 이야기를 나누는 내용이 제시된다.

ⓟ **자료 및 유의점**

수업계획안에 제시된 활동자료가 교사의 발문과 유아의 기대되는 반응에 해당하는 부분에 따라 다시 세부적으로 제시된다. 자료의 제시뿐만 아니라 수업 진행 시 유의점이 있으면 이를 제시한다.

ⓣ **추후지도 및 연계활동**

음악 감상 지도 수업 후 연계되는 활동을 제시한다.

음악 감상 지도 수업계획안

<table>
<tr><td>ⓐ
생활
주제</td><td>봄</td><td>ⓑ
주제</td><td>봄 풍경
즐기기</td><td>ⓒ
소주제</td><td>봄의 나비에
대해
알아보아요.</td><td>ⓓ
활동명</td><td>'나비가 되어서
날아보아요'</td></tr>
<tr><td>ⓔ
활동
유형</td><td colspan="3">음악 감상하기</td><td>ⓕ주
음악적
개념</td><td>빠르기</td><td>ⓖ
대상연령</td><td>만 5세</td></tr>
<tr><td>ⓗ
집단
형태</td><td colspan="3">대집단</td><td>ⓘ
대형</td><td>반원형</td><td>ⓙ
예상 소요
시간</td><td>30분</td></tr>
<tr><td>ⓚ
교육
목표</td><td colspan="7">• 음악을 바르게 감상하는 태도를 가진다.
• 음악적 개념 '빠르기'를 알고 경험한다.
• 음악을 듣고 자유롭고 다양하게 신체표현을 할 수 있다.
• 음악을 듣고 그에 맞는 신체활동에 적극적으로 참여할 수 있다.</td></tr>
<tr><td>ⓛ
교육
과정
관련
요소</td><td colspan="7">• 예술경험>예술 감상하기>다양한 예술 감상하기>다양한 음악, 춤, 미술작품, 극놀이 등을 듣거나 보고 즐긴다.
• 예술경험>아름다움 찾아보기>음악적 요소 탐색하기>다양한 소리, 악기 등으로 음악의 셈여림, 빠르기, 리듬 등을 탐색한다.
• 예술경험>아름다움 찾아보기>움직임과 춤 요소 탐색하기>움직임과 춤의 모양, 힘, 빠르기, 흐름 등을 탐색한다.
• 신체운동 · 건강>신체활동에 참여하기>자발적으로 신체활동에 참여하기>신체활동에 자발적이고 지속적으로 참여한다.</td></tr>
<tr><td>ⓜ
활동
자료</td><td colspan="7">1. 교수자료

① 도입 활동 자료
–나비무늬만 보이는 실물 사진자료, 나비무늬와 다리까지 나와 있는 실물 사진자료, 나비무늬와 다리와 더듬이까지 보이는 실물 사진자료, 나비의 전체 사진자료</td></tr>
</table>

② 전개 활동 자료

-'쇼팽 에튀드'의 '나비' 음악파일

-'이사오 사사키'의 'Butterfly in the rain' 음악 파일

-나비 날개 사진

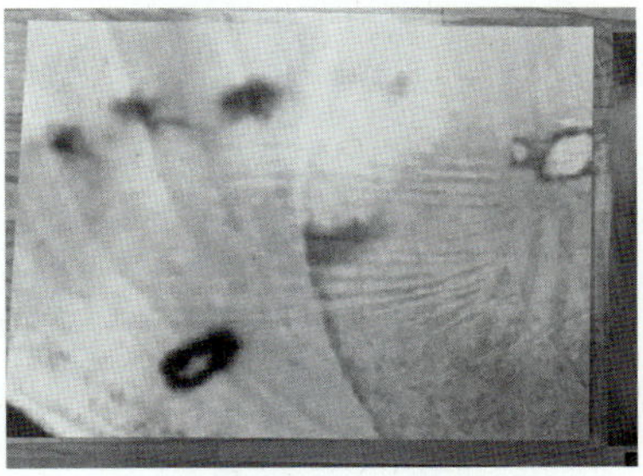

-꽃밭으로 꾸민 꽃밭 모형

–나비인형

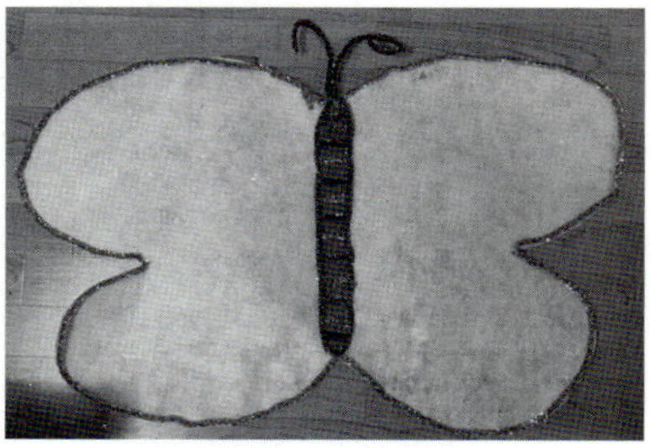

–음악적 개념 '빠르기'를 경험하기 위한 빠르기 배경판과 나비 종이인형 1개

–음악적 개념 '빠르기' 경험을 위한 '나비야 훨훨 날아라' 글자판

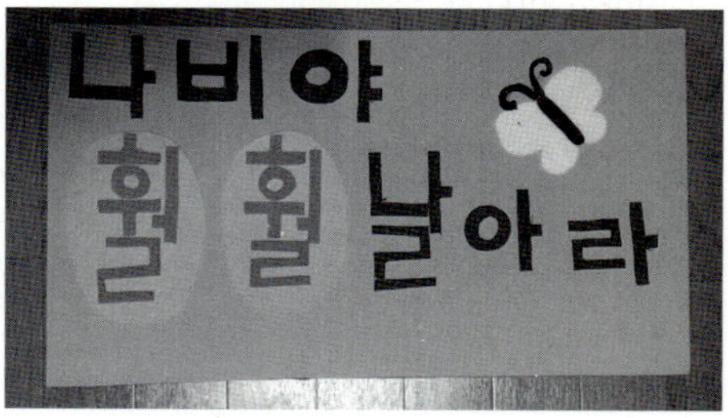

<table>
<tr><td></td><td colspan="3">
-지시봉

2. 수업 활동자료

-유아의 어깨에 맬 수 있는 나비 날개 모형, 꽃밭으로 꾸민 꽃밭 모형

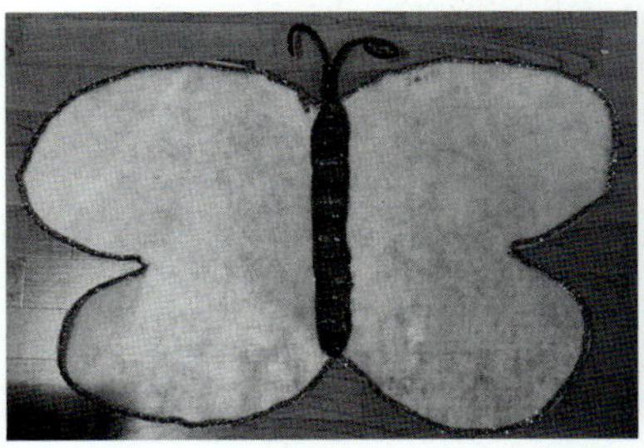

</td></tr>
<tr><td>ⓝ
사전
활동</td><td colspan="3">동화 '나풀나풀 팔랑팔랑 아름다운 나비일기'를 읽고 나비의 생김새, 성장과정 및 특징에 대해 이야기 나누기</td></tr>
<tr><td rowspan="2">ⓞ
활동
절차</td><td colspan="2">활동과정</td><td rowspan="2">ⓟ
자료 및 유의점</td></tr>
<tr><td>교사의 발문</td><td>기대되는 유아의 반응</td></tr>
</table>

<table>
<tr><td rowspan="9">⑨
도입</td><td colspan="3">① 나비 무늬의 일부분만 나와 있는 사진자료를 유아에게 보여주며 이야기 나눈다.</td></tr>
<tr><td>T: 선생님이 한 곤충을 소개해 줄 건데 어떤 곤충일지 무엇일지 한번 맞춰보자.</td><td></td><td rowspan="2">나비 무늬만
나와 있는
사진자료
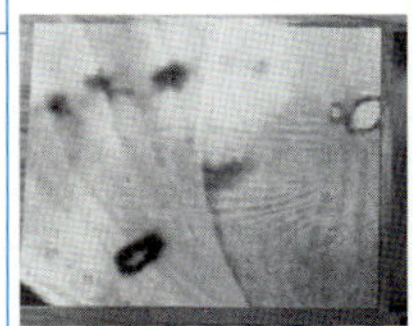</td></tr>
<tr><td>T: (나비의 무늬만 나와 있는 사진 제시)</td><td>C: 음...나뭇잎 같아요.</td></tr>
<tr><td colspan="3">② 나비의 다리까지 나와 있는 사진자료를 제시하며 이야기 나눈다.</td></tr>
<tr><td>T: ○○이는 나뭇잎 같다고 생각 하는구나~그럼 선생님이 조금 더 자세히 보여줄게 함께 생각해보자!(나비 다리까지 나와 있는 사진 제시)</td><td>C: 어..거미 같아요.</td><td rowspan="5">나비의 다리까지
나와 있는
사진자료
</td></tr>
<tr><td>T: ○○이는 거미라고 생각을 하는구나~! 왜 그렇게 생각을 하니?</td><td>C: 다리가 가늘어서 거미 같아요.</td></tr>
<tr><td>T: 그래~ 다리가 꼭 머리카락처럼 가늘어서 거미같다고 생각을 했구나~ 또 다르게 생각하는 친구 있나요?</td><td>C: 모기 같아요!</td></tr>
<tr><td>T: ○○이는 모기 같구나! 왜 모기 같은지 ○○이가 말해 줄 수 있을까?</td><td>C: 다리가 높이 떠 있는 것처럼 보이고 모기도 다리가 가늘어요.</td></tr>
<tr><td>T: 아~ 다리가 높이 떠 있는 것처럼 길어서 ○○이 말처럼 모기라고 생각할 수도 있겠구나!</td><td></td></tr>
</table>

	③ 나비의 더듬이까지 나온 사진을 제시하며 이야기 나눈다.		
	T: (나비의 더듬이까지 나온 사진을 보여주며) 자, 과연 거미와 모기일까? 또 새롭게 떠오르는 생각 있나요? T: 나비라고 생각을 하는구나~ 혹시 다른 생각을 가진 친구 있나요? 그럼 과연 정말 나비가 맞을지 한번 다음 사진을 봐보자!	C: 나비에요!	나비의 더듬이까지 나온 사진자료 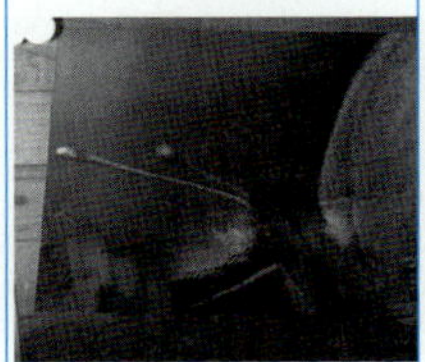
	④ 나비 전체사진을 제시한 후 음악을 들을 것을 알린다.		
	T: (나비의 전체사진을 제시하며) 자! 우와~사진 속 주인공은 나비였구나! 지난 시간에 선생님이랑 나비에 대해서 이야기 나눠보았는데 오늘은 선생님이 두 가지의 음악을 준비해왔어. 이 두 곡은 모두 훨훨 날아다니는 나비를 보며 드는 생각과 느낌들을 배경으로 해서 두 작곡가가 음악으로 표현한 곡이야. 우리 한번 들어볼까?	C: 네~	나비 전체사진 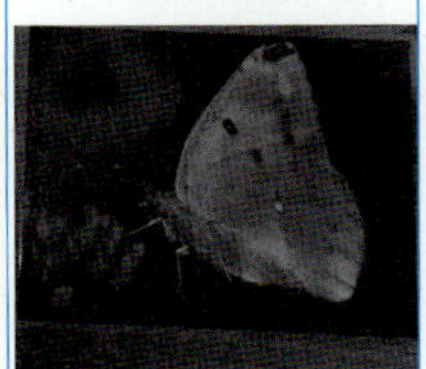
ⓡ 전개	① 감상할 음악 '쇼팽'의 '나비'와 '이사오 사사키'의 'Butterfly in the Rain'을 소개한다.		
	T: 음악 두 곡을 준비해왔는데 첫 번째 곡 먼저 소개 해줄게. 첫 번째 곡은 작곡가 '쇼팽'의 '나비'라는 제목의 곡이야.	C: 아~	

	두 번째 곡은 작곡가 '이사오 사사키'의 'Butterfly in the Rain'이라는 곡이야. 비 속의 나비라는 뜻이에요. 그리고 이 두 곡 모두 하늘을 날아다니는 나비를 보며 주인공으로 해서 만든곡이야.		
	②. 음악 감상곡 '나비'와 'Butterfly in the Rain'을 들려주고 유아들이 느낀점을 이야기해 보도록 한다.		
	②-1. 쇼팽 에튀드의 '나비'를 듣고 이야기를 나눈다.		
	T: 먼저 '쇼팽'의 '나비'라는 곡 먼저 들어보자. (쇼팽의 나비 곡 재생)	C: 네~!	'쇼팽'의 '나비' 음원파일
	T: 모두 잘 들어보았니? 어떤 느낌이 들었니?	C: 밝고 신나요~!, 경쾌해요.	
	T: 그 느낌을 손으로 그려보면 어떻게 그려볼 수 있을까?	C: (손으로 표현해보며)꼬불꼬불하게 그려 볼 수 있어요, 높고 낮게 높고 낮게 뒤죽박죽 그려 볼 수 있어요.	
	T: 그렇구나~ 그럼 음악을 들으면서 무슨 색이 떠올랐니? 밝은 색이 떠올랐니? 어두운 색이 떠올랐니?	C: 밝은 색이 떠올랐어요!, 노란색이 떠올랐고 하늘색도 떠올랐고 분홍색도 떠올랐어요!	
	T: 음악 속에서 나비의 기분이 어떤 것 같았니?	C: 나비의 기분은 신나고 재미있고 흥미롭고 좋았을 것 같아요, 행복했을 것 같아요.	

	T: 나비의 기분이 왜 좋았을까? 왜 행복했을까?	C: 꽃이랑 놀아서 행복했을 것 같아요, 꽃밭에서 신나게 날라 다닐 수 있어서 행복했을 것 같아요.	
	T: 음악 속에서 나비들만 있던 것일까? 다른 것들은 없었을까? 봄이었으니까 나비 말고 무엇이 있었을 수 있을까?	C: 봄이니까 예쁜 꽃들도 있고 바람도 솔솔 불었을 것이고 벌도 있었을 거에요.	
	T: 그렇구나, 나비들이 꽃의 향기도 맡았을 것 같고 벌과 친구가 되어서 같이 손잡고 놀았을 것 같고 바람과 같이 춤을 추고 있었을 수도 있겠구나. 이번에는 선생님이 다른 음악을 들려줄 건데 아까 들은 음악과 어떻게 다른지 함께 생각해 보면서 들었으면 좋겠어.	C: 네~	
	②-2. 이사오 사사키의 'Butter fly in the rain'를 듣고 이야기를 나눈다.		
	T: 모두 잘 들어보았니? 이번엔 어떤 느낌이 들었니?	C: 잔잔해요, 울적해요, 평화로워요, 비오는 거 같아요.	
	T: 그 느낌을 손으로 그려보면 어떻게 그려볼 수 있을까?	C: (손으로 평행선을 그린다, 굴곡이 작은 물결을 그린다.)	'이사오 사사키'의 'Butterfly in the rain' 음원파일
	T: 우리 친구들이 그린 형태를 보니까 전에 '나비'라는 곡과는 다르게 그림의 굴곡이 작았어요. 그럼 음악을 들	C: 어두운 색이 떠올랐어요, 하얀색이 떠올랐어요, 비오는 날처럼 진한 파랑색이 떠올랐어요.	

	으면서는 무슨 색이 떠올랐어? 밝은 색이 떠올랐니? 어두운 색이 떠올랐니?		
	T: 그럼 이 음악 속에선 나비의 기분이 어떤 것 같았니?	C: 나비의 기분은 울적하고 힘이 없고 아프고 외로웠을 것 같아요, 슬펐을 것 같아요.	
	T: 나비의 기분이 왜 슬펐을까? 왜 힘이 없었을까?	C: 음...다른 나비 친구들이 없어서요, 어딘가 아파서요.	
	T: 그랬구나, 음...아니면! 나비가 나는데 날개가 무거워진 건 아니었을까? 만약 날개에 무엇이 떨어졌다면 그건 무엇이었을까?	C: 빗방울이요!	
	T: 그래, 빗방울이 뚝뚝 나비의 날개에 떨어졌을 것 같아. 또 바람도 불어서 나비를 힘들게 했던 것 같아.		
	③ 그림배경판과 나비 종이인형을 이용해 음악적 개념 '빠르기'에 대해서 알아본다.		
	T: 오늘은 선생님이랑 '빠르기'에 대해 알아보기 위해 아주 재미있는 그림판을 준비해왔어. 다같이 한번 볼까?	C: 네~	빠르기 배경판과 나비 종이인형 
	T: (그림 배경판과 나비종이인형을 보여주며) 여기 무엇이 보이니?	C: 나비요/꽃이요/	

<table>
<tr><td rowspan="6"></td><td>T: 우리 친구들이 말해주었듯이 나비도 있고 꽃도 있어~그리고 여기 이렇게 아주 길은 길이 있는데 하얀 나비가 길을 따라서 아래에 꽃밭에 가려고 하는데 부지런한 나비는 빨리 날아서 빨리 꽃밭에 가서 쉴 수 있고 또 여유로운 나비는 천천히 여유롭게 가다가 잠시 쉬기도 하고 다시 일어나서 길을 따라서 꽃밭으로 여유롭게 날아갈 수도 있겠지?</td><td>C: 네!</td><td rowspan="2">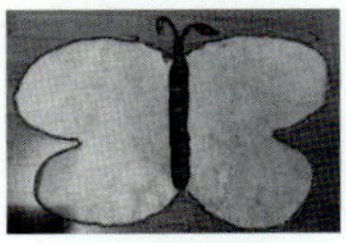</td></tr>
<tr><td>T: 이렇게 빠르고 반대로 느리고, 또 빠르다 느려지고 하는 것을 바로 '빠르기'라고 해. 이 빠르기는 우리 친구들 일상에서도 함께하지만 음악에도 항상 함께하고 있단다. 우리 그럼 나비와 함께 꽃밭까지 무사히 찾아가 볼까?</td><td></td></tr>
<tr><td colspan="3">③-1. 각 음악 빠르기에 맞춰 나비 종이인형의 빠르기를 다르게 하여 음악적 개념 '빠르기'에 대해서 알아본다.</td></tr>
<tr><td>T: '쇼팽'의 '나비'라는 곡은 느렸어 빨랐어?</td><td>C: 빨랐어요.</td><td rowspan="2"></td></tr>
<tr><td>T: 그럼 '쇼팽'의 '나비'라는 곡에 맞게 빠르게 날아서 꽃밭으로 슝~ 날아가보자! (교사는 음악에 맞춰 배경판에 나비 종이인형의 움직</td><td></td></tr>
</table>

	임을 빠르게 조절해서 꽃밭에 찾아가는 모습을 보여준다.)		
	T: 나비가 빠르게 길을 따라서 날아서 꽃밭에 드디어 도착했어요! 나비의 움직임은 어땠어?	C: 비행기처럼 빨랐어요!/ 빠르게 날개짓을 했어요.	
	T: 빨랐지? 이번에는 아까 두 번째로 들려준 느린 곡에 맞춰서 천천히 여유롭게 꽃밭을 향해 찾아가보자!(교사는 음악에 맞춰 나비 종이인형의 움직임을 느리게 조절한다.)		
	T: 나비가 여유롭고 천천히 날면서 잠시 쉬기도 하고 천천히 천천히 날아서 꽃밭에 도착했어요!		
	T: 자, 이번에 나비의 움직임은 어땠나요?	C: 느리고 거북이 같았어요.	
	T: 그렇구나~! 첫 번째로 했을 때는 비행기처럼 빨랐고 두 번째로 했을 때는 거북이처럼 느렸지? 이렇게 음악에는 그 음악만이 가지고 있는 분위기가 있고 그 분위기에 따라서 빠르기가 느린 음악도 있고 빠르기가 빠른 음악도 있어.		

	④ '나비야 훨훨 날아라' 글자판을 이용해서 빠르게 말해보기와 느리게 말해보기를 통해 음악적 개념 '빠르기'와 관련된 활동을 해본다.		
	T: 자, 우리 친구들 빠르기가 무엇인지 알았니?	C: 네~	'나비야 훨훨 날아라' 글자판 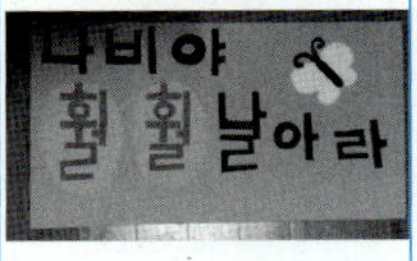 지시봉 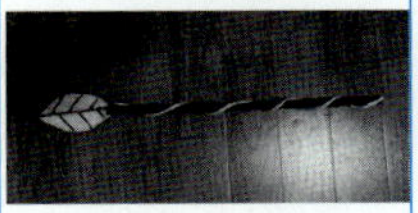
	T: 그렇구나~그럼 선생님이랑 이제 빠르게 말하고 느리게 말을 해보는 활동을 해볼거야~ 먼저 선생님이 앞에 보이는 글자대로 말을 해 볼건데 모두 잘 들어봐! (빠르게) '나비야 훨훨 날아라' 지금 선생님의 말은 빨랐니, 느렸니?	C: 빨랐어요!	
	T: 우리 친구들 빠르다고 느꼈구나! 그럼 우리 친구들도 빠르게 선생님이랑 같이 앞에 보이는 글자를 읽어볼까?	C: 네~ ('나비야 훨훨 날아라')	
	T: 그럼 이번에는 선생님이 느리게 해볼게.(느리게) '나비야 훨훨 날아라' 자, 느리게 하니까 느낌이 어때?	C: 네~ ('나비야 훨훨 날아라') C: 답답해요.	
	T: 답답했구나~우리 친구들도 느리게 다같이 한번 해볼까?	C: 네!	
	T: 잘했어! 우리 친구들 이제 느리게와 빠르게의 차이와 빠르기에 대해 모두 알겠니?	C: 네	

	⑤ 음악적 개념 빠르기를 고려하여 음악 '나비'와 'Butterfly in the Rain'을 이어서 들으면서 음악에 맞춰 느낌을 직접 나비가 되어 신체로 표현해 본다.		
	T: 짜잔! 이게 뭐야?	C: 나비다!	
	T: 그럼..우와 이건 뭐지?	C: 꽃밭이다!	
	T: 그래요~우리 친구들이 여기 보이는 꽃밭과 아주 멋있는 나비날개를 달고 이제 정말로 예쁜 나비가 되어 볼거야~! 선생님이 아까 들어보았던 두 음악을 이어서 틀어 줄 테니까 음악을 듣고 느껴지는 대로 나비가 되어서 자유롭게 몸으로 표현해보자.	C: 네~	나비날개 모형 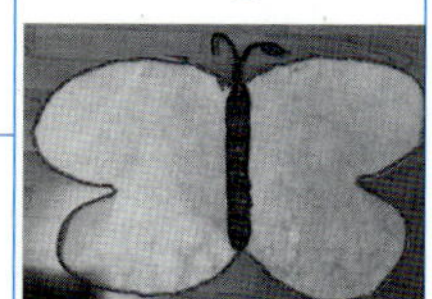
	T: (쇼핑 에튀드의 '나비'를 짧게 틀고 유아가 몰입할 수 있도록 이야기를 해준다.) 어느 봄날, 나비가 춤을 추고 꽃들을 만나며 살포시 앉아 보기도 하고 꽃의 향기도 맡아보며, 다른 나비들과 손잡고 놀고 있었어요.	C: (날개짓을 빠르게 하며 신나게 나비를 표현한다.)	꽃밭모형 
	T: (이사오 사사키의 'Butterfly in the rain'을 짧게 들려준다) 그러다 갑자기 비가 오고 바람이 불기 시작하여 나비들의 날개에 빗방울이 떨어지고, 중심을 잃게 되어 날기가 힘들어지게 되었어. 그래서 친구 나비들과	C: (날개짓을 힘겹고 어렵게 느리게 하며 날개짓이 힘든 나비를 표현한다.)	

	부추기며 힘겹게 힘겹게 날기를 계속하였지요.		
	T: 우와~우리 반이 정말 나비들로 가득하네~! 첫 번째 곡에는 전체적으로 날개 짓을 빠르고 활기차게 하는 표현이 나타났고 두 번째 곡에는 날개 짓을 하기가 힘들어 날개 짓이 조금씩 느려진 표현들이 나타났어. 두 음악을 듣고 몸동작이나 춤으로 표현해 보니, 두 음악이 다른 느낌이라는 것을 다시 확인 할 수 있었나요?	C: 네	
	⑥ 음악을 듣고 유아가 표현한 활동에 대해서 이야기 나눈다.		
	T: 선생님이 아까 우리 친구들이 나비가 되었을 때 그 중에서 ○○친구가 정말 한 마리의 예쁜 나비처럼 한 쪽 다리를 들어보기도 하며 실감나게 다양한 동작들을 보여 주었는데 너무 아름다운 나비 같았어! 첫 번째로 빠른 음악에서는 우리 친구들이 어떤 나비가 되었는지 한 명씩 나와서 이야기 해보자!	C: 저는 빠르게 날개짓을 하면서 날아다니고 친구 나비랑 신나게 날개여행을 떠나는 나비였어요.	
	T: 우리 ○○나비는 바쁘게 날개짓을 하면서 하늘을 날면서 친구 나비와 함께 짝을 지어서 날개여행을 떠나는	C: 저는 먹을 것을 찾아서 바쁘게 날아다니는 나비였어요.	

	모습이었구나! 다음으로 ○○이는?		
	T: 아~우리 ○○이는 배가 고파 먹을 것을 찾아 날아다니면서 바쁘게 돌고 있는 나비를 표현하였구나! 그럼 두 번째로 느린 음악에는 어떤 나비가 되었었는지 얘기해보자.	C: 다쳐서 날개 짓을 잘 못하고 힘이 없어지는 나비요.	
	T: 아...우리 ○○나비는 아프고 아파서 힘이 없어 쓰러져가는 나비를 표현하였구나. ○○이는? 두 음악의 서로 다른 느낌을 친구들이 나비가 되어서 다양하게 표현해준 것 같아. 첫 번째 곡에서는 빠르고 활기차고 평화롭게 날아다니는 나비처럼, 두 번째 곡에서는 날개에 빗방울이 떨어진 것처럼 표현하였고 그에 맞게 힘들고 슬프고 우울한 나비가 되어서 조금씩 힘이 없어지고 느려지는 날개 짓을 볼 수 있었지.		
	T: 그런데 ○○친구는 곡이 바뀌어도 더 활기차게 날개 짓을 하였는데 왜 그렇게 표현했을까?	C: 비가 내려서 비를 피하기 위해서 더 빠르게 날개 짓을 하면서 쉴 공간을 빨리 찾아 해매는 나비를 표현했어요.	
	T: 아~ 그래서 ○○친구가 비를 피하기 위해 다른 친구		

	들과는 다르게 더 빠른 날개 짓을 보여주었던 거였구나!		
ⓢ 평가 및 마무리	① 음악 감상을 마친 후 느낀 점에 대하여 이야기 나눈다.		
	T: 오늘 나비를 표현하는 음악들을 들어보았는데 어떤 점이 재미있었니?	C: 정말 나비가 된 것 같아 너무 신이 났었어요!	
	T: 그랬구나. 또 다르게 생각하는 친구 있나요?	C: 곡이 느리게 바뀌었을 때 정말로 기분이 슬퍼져서 날개 짓을 하기가 힘들었어요.	
	T: 그랬구나! 날개 짓을 하기가 힘들었었구나! ○○친구는 곡의 분위기에 맞게 공감을 하였구나.		
	T: 오늘 들어 본 두 곡을 통해서 알게 된 점이 무엇이었죠?	C: 곡에는 다양한 빠르기들이 있어요! 빠른 곡도 있고 느린 곡도 있어요!	
	T: 맞아! 곡에는 그 곡이 가지고 있는 전체적인 분위기와 그에 맞는 빠르기가 함께 담겨져 있다는 것을 오늘 알아보았죠?		
	T: 마지막으로 힘들었던 점은 없었나요?	C: 나비가 되어서 더 크고 멀리 움직이고 싶었는데 옆에 친구하고 자꾸 부딪혔어요.	
	T: 그랬구나. 다음에는 선생님이 부딪히지 않고 더 자유	C: 네.	

	롭게 움직일 수 있는 넓은 공간에서 할 수 있도록 할게!		
	T: 우리 친구들 모두 너무 잘 따라와 줬고 이제 손 씻고 맛있는 점심 먹으러 가자!		
ⓣ 추후 지도 및 연계 활동	미술활동으로 '나비 모양' 만들어보기		

3. 음악 감상 지도 수업 진행 시 유의점

선정된 음악 감상곡을 들을 때는 유아가 음악에 주의를 기울일 수 있는 조용한 환경이 필요하다. 교사는 유아가 음악 감상곡에 귀를 기울일 수 있도록 목소리를 조용하게 내거나 눈을 가볍게 감고 들어 보는 등의 방법을 활용할 수 있다.

음악 감상 표현 시 활용되는 소품은 상황에 따라 다양하게 제공되어야 한다. 예컨대, 감상 후 그림으로 유아가 음악 감상에 대한 표현을 한다고 했을 경우 일반적으로 제공되는 스케치북이나 물감 등과 같은 미술 재료보다는 색이나 재질이 다른 종이를 제공한다거나 신문지와 같은 종이를 제공하여 유아가 음악 감상만을 위한 표현이 아니라 표현하기 위해서 사용되는 다양한 자료 속에서 다양한 경험을 하고 창의적으로 표현할 수 있는 기회를 제공한다.

유아가 음악 감상 표현 시 교사는 끊임없이 유아의 표현활동에 대하여 상호작용하여야 한다. 예컨대, 신체표현을 활용하여 음악을 표현하는 유아에게 지금 표현하는 동작은 무엇을 표현한 것인지, 어떤 느낌을 표현한 것인지에 대해 상호작용하고 또한 유아가 좀 더 발전적으로 표현할 수 있는 동기부여와 함께 적절한 발문을 하여야 한다.

참고문헌

곽봉애(2010). 통합적 리듬악기 지도 프로그램이 유아의 음악 능력 및 음악적 창의성에 미치는 영향. 전남대학교 교육대학원 석사학위논문.

곽영숙(2010). 통합적 음악감상 활동의 유아의 음악적 개념에 미치는 영향. 이화여자대학교 교육대학원 석사학위청구논문.

강신영(2007). 음악개념 중심의 통합적 유아 음악 감상과 표현활동의 적용 효과. 원광대학교 대학원 박사학위논문.

권미희(2006). 유아음악교육에서의 포트폴리오 평가 활용방안 연구. 단국대학교 교육대학원 석사학위청구논문.

고헌전(1986). 유아를 위한 음악교육. 제주도 교육위원회.

교육부・보건복지부(2013). 3-5세 연령별 누리과정 교사용 지침서. 교육부・보건복지부.

김광자(2004). 포괄적 음악교육에 기초한 유아의 음악적 능력 증진 프로그램 개발 및 효과 검증. 서울여자대학교 대학원 박사학위논문.

김대현・김석우(1999). 교육과정 및 교육평가. 서울: 학지사.

김명순・조경자(1998). 유아를 위한 음악교육의 이론과 실제. 서울: 다음세대.

김명순・조경자(2003). 유아를 위한 음악 교육의 이론과 실제. 서울: 다음세대.

김성균(1990). 유아음악교육 프로그램. 서울: 제성산업주식회사.

김성실(1999). 유아의 노래 부르기 지도에 관한 연구. 연세대학교 교육대학원 석사학위논문.

김세희(1994). 한국 전래동요에 대한 유아의 선호도 분석. 이화여자대학교 대학원 박사학위논문.

김연주・양연숙・김현지(2014). 영유아 음악교육. 서울: 창지사.

김인실(2003). 유아기 감상교육에 관한 연구. 미래유아교육학회지, 10(1), 85-117.

김정화(2000). 유아교육을 위한 유아음악놀이지도. 서울: 학문사.

김정화(2000). 유아음악교육. 서울: 형설출판사.

김재원(2009). 리듬 합주 활동이 유아의 자기조절 능력에 미치는 효과. 대구가톨릭대학교 대학원 석사학위논문.

김춘희(1994). 포괄적 음악교육접근이 5세 유아의 음악감상 능력에 미치는 영향. 중앙대학교 교육대학원 석사학위논문.

김현(2016). 음악개념에 기초한 유아음악교육 프로그램 개발 및 효과. 조선대학교 대학원 박사학위논문.

남선옥 · 김호(2013). 통합적 음악 감상 활동이 유아의 음악개념 및 음악 창의성에 미치는 효과. 열린유아교육연구, 18(5). 241-263.

박명숙(2001). 음개념 발달을 위한 타악기 활용에 관한 기초 연구. 강남대학교 논문집. 38, 1-25.

박미경 · 엄정애(2008). '새노래부르기' 활동에서 다루고 있는 유아교사의 음악적 개념과 지도의어려움. 아동학회지, 29(3), 93-113.

박은영(2009). 악기를 활용한 표현활동이 유아의 음악적 능력과 신체표현 능력에 미치는 영향. 36, 59-83.

백순근(2000). 수행평가의 원리. 서울: 교육과학사.

서석남(1982). 학령 전 어린이와 유치원 어린이들을 위한 음악. 안동: 중외출판사.

서현 · 김현(2012). 음악개념에 기초한 유아음악교육 프로그램이 유아의 음악적 인지능력과 음악적 표현능력에 미치는 영향. 어린이문학연구, 17(1), 439-475.

석문주(1996). 음악적 성장을 위한 음악과 교수-학습지도. 서울: 풍남사.

석문주 · 음악교육연구모임(2001). 포트폴리오를 중심으로 음악과 수행 중심 평가. 서울: 학문출판사.

석문주 · 최은식 · 함희주 · 권덕원(2006). 음악교육의 이해와 실천. 서울: 교육과학사.

성경희(1988). 음악과교육론. 서울: 갑을출판사,

송연아(2002). 리듬악기를 이용한 음악활동이 유아의 음악능력 발달에 미치는 영향. 원광대학교 대학원 석사학위논문.

심성경 · 이희자 · 이선경 · 김경의 · 이효숙 · 박주희(2003). 유아음악교육. 경기도: 양서원.

심성희(2017). 음악적 개념에 기초한 유아음악 활동 개발을 위한 탐색적 연구. 호서대학교 대학원 박사학위논문.

안재신(1996). 유아음악교육. 서울: 교육과학사.

안재신(2004). 유아음악교육. 서울: 창지사.

안재신(2006). 유아음악교육. 서울: 교육과학사.

안재신(2008). 유아음악교육. 서울: 교육과학사.

양일용(역)(1994). 음악감상을 위하여(Miller, H. M. 저). 서울: 태림출판사.

엄정애 · 송정 · 박미경(2009). 교사를 통해 본 유치원 현장의 음악교육과 실행의 어려움. 유아교육연구, 29(1), 133-158.

유덕희(1983). 아동발달과 음악교육. 서울: 개문사.

윤지영 · 임승렬(2011). 유아교사의 음악수업과 교수방법에 대한 실제적 연구. 음악교육연구, 40(1), 113-141.

이기숙 · 김영주(1985). 유아음악교육. 서울: 교문사.

이숙희(1993). 5세 유아의 음악청취력 향상 프로그램 개발과 그 효과에 관한 연구. 서울여자대학교 대학원 박사학위논문.

이숙희(2010). 아동음악과 동작. 서울: 동문사.

이옥주 · 류진선(2007). '학습주기'를 고려한 노래부르기 활동이 유아의 음악적 능력에 미치는 영향. 한국유악육연구, 4(1), 85-103.

이옥주 · 정수진 · 윤지영(2015). 음악요소에 기초한 유아음악교육. 서울: 신정.

이유정(2011). 통합적 음악감상 활동이 유아의 음악적 능력에 미치는 영향. 고려대학교 교육대학원, 석사학위청구논문.

이진우 · 이순영(2006). 영유아음악교육. 서울: 파란마음.

이홍수(1990). 음악교육의 현대적 접근. 서울: 세광음악출판사.

이홍수(1992). 느낌과 통찰의 음악교육. 서울: 세광음악출판사.

이춘자 · 조인경(2013). 유아 음악교육. 서울: 창지사.

임혜정(2008). 유아음악교육. 서울: 태영출판사.

장영희 · 오현주(2011). 유아의 음악 감상을 통한 통합적인 음악활동이 음악능력 및 음악적 창의력에 미치는 영향. 한국유아체육학회지, 12(1), 71-88.

장은주(2007). 현직교사를 위한 유아음악프로그램 모형 개발. 이화여자대학교 대학원 박사학위논문.

장은주(2006). 유아음악교육. 서울: 양서원.

장은희 · 최영해 · 곽윤경 · 김명정(2013). 영유아 음악교육. 경기: 파워북.

장자영(2005). 통합적 음악감상 활동이 유아의 창의성에 미치는 영향. 충남대학교 교육대학원 석사학위논문.

전인옥 · 이숙희(2005). 유아 음악 교육. 한국방송통신대학교.

전인옥 · 이숙희(2014). 유아음악교육. 서울: 한국방송통신대학교출판부.

전혜미(2012). 통합유아음악교육 프로그램에 대한 비교 · 분석 연구. 건국대학교 교육대학원 석사학위논문.

정지원(2002). 유아음악개념 학습을 위한 교육용 소프트웨어 개발. 중앙대학교 대학원 석사 학위논문.

조윤미(2009). 함께 즐기는 유아 국악교육. 서울: 창지사.

조해영(2009). 유아교육기관의 음악교육활동에 관한 교사의 인식 및 학부모의 인식 분석연구: 경남지역을 중심으로. 창원대학교 교육대학원 석사학위논문.

주창길(1988). 어린이들에게 필요한 세 가지 음악 감상법: 감상교육. 음악교육, 28, 44-45.

추윤선(2016). 누리과정 교사용 지도서 음악활동에 대한 교사인식 및 활용 실태. 덕성여자대학교 교육대학원 석사학위논문.

하정희 · 조영진 · 강혜정(2010). 유아음아교육. 경기: 공동체.

황문숙(2009). 리듬악기를 활용한 음악활동이 유아의 정서지능에 미치는 영향. 한성대학교 교육대학원 석사학위청구논문.

황해익(2000). 유아교육평가. 서울: 양서원.

황해익 · 송연숙 · 최혜진 · 정혜영 · 이경철 · 민순영 · 박순호 · 손원경(2001). 유아교육기관에서의 포트폴리오 평가. 서울: 창지사.

Cambell, P. S. & Scott-Kassner, C.(1995). Music in Chldhood: From preschool through the elementary grades. New York: Schimer Books.

Crinklaw-Kiser,D.(1996). Intergrating Music with Whole Language through the Orrf-Schulwerk Press. Young Children.

Haines, B. J. E., & Gerber, L. L.(2000). Leading Young Children to Music(6th ed.). Upper Saddle River, NJ: Meril.

Issacs, A. F.(1979). Creativity in musical composition: How does the composer work? The Creative Child and Adult Quarterly, 3(3), 152-170.

Jungmair.Ulrike.E.(1992). Das Elementare: Schott. 이희숙(역). 오르프-엘레멘타 음악교육 연구소.

Kim, J. Y.(2005). Investigation of pre-service teachers' self perception on musical knowledge and teaching efficacy. International Journal of Early Childhood Education, 11(2), 81-98.

Leonhard, C, & House, R. W.(1972). Foundation and Principles of Music Education(2nd ed.). New York: McGraw Hill. 안미자 역(2003). 음악교육의 기초

와 원리(개정판). 서울: 이화여자대학교 출판부.

Gearta, J.(2006). An Introduction to Music in Early Childhood Education. Thomson Delmar Learning.

Manins, S.(1994). Bridge Building In Early-Childhood. Music.MEJ.

Mursell, J. L. & Glenn M.(1965). 음악교육 심리학. 한국음악 교재연구회(역). 서울: 세광음악출판사. 1987.

O'Brien, J. P.(1983). Teaching Music. New York: Holt Rinehar.

Wiggins, J.(1999). Teacher Control and Creatuvity Music Educators Journal, 85(5), 30-44.

저/자/소/개

■ **남궁선혜**

대전보건전문대학 유아교육과 졸업
강남대학교 유아교육학과 졸업(교육학사)
이화여자대학교 대학원 유아교육학과 졸업(문학석사, 문학박사)
수원삼성어린이집 보육교사
대전보건대학교 부속유치원 연구교사
공주영상정보대학 영유아보육과 교수
제주한라대학 유아교육과 교수
현) 대전보건대학교 유아교육과 교수

유아교사의 현장 수업능력을 위한

유아음악교육

1판 1쇄 인쇄 – 2017년 12월 25일
1판 1쇄 발행 – 2017년 12월 30일

저 자 - 남궁선혜
발 행 인 - 강 철 원
발 행 처 - 양 성 원
주 소 - 경기도 파주시 검산로 173번길 29-20
전 화 - 031-946-3861(代)
팩 스 - 031-946-3864
이 메 일 - tnwpub@naver.com
홈페이지 - tnwpub.co.kr
출판등록 - 2015년 8월 31일 제 2015-000211 호

ISBN 979-11-6126-070-9

정가 15,000원